오롯한 당신

오롯한 당신

트랜스젠더, 차별과 건강

발행일 1쇄 2018년 5월 9일
   3쇄 2020년 3월 13일

지은이 김승섭, 박주영, 이혜민, 이호림, 최보경
펴낸이 김경미
편집 김유민
디자인 이진미
펴낸곳 숨쉬는책공장
등록번호 제2018-000085호
주소 서울시 은평구 갈현로25길 5-10 A동 201호(03324)
전화 070-8833-3170 팩스 02-3144-3109
전자우편 sumbook2014@gmail.com
페이스북 / soombook2014 트위터 @soombook

값 15,000원 | ISBN 979-11-86452-30-1
잘못된 책은 구입한 서점에서 바꿔 드립니다.
이 도서의 국립중앙도서관 출판예정도서목록(CIP)은
서지정보유통지원시스템 홈페이지(http://seoji.nl.go.kr)와
국가자료공동목록시스템(http://www.nl.go.kr/kolisnet)에서
이용하실 수 있습니다.(CIP제어번호: CIP2018012370)

트랜스젠더,
차별과 건강

오롯한 당신

김승섭
박주영
이혜민
이호림
최보경
지음

숨쉬는
책공장

"남자야, 여자야?" 옆 테이블에 앉아 있는 이들이 우리 쪽을 계속 쳐다보며 말했다. 그들이 하는 말을 못 들은 척 무시하려 했지만, 몇몇 단어가 또렷하게 들렸다. 함께 맥주를 마시고 있던 내 친구의 성별에 대한 이야기였다. 그들은 자신들에게 타인의 삶에 대해 함부로 이야기할 권리가 있는 듯 당당했고, 트랜스젠더인 내 친구는 무어라 대응하기 애매한 상황을 긴장된 얼굴로 묵묵히 견디고 있었다. 오히려 그녀는 얼굴이 벌게진 나를 차분하게 달랬다. 괜찮다고 자주 있는 일이라고 말했다.

처음 트랜스젠더에 대해 연구를 시작한 것은 그들이 병원에서 호르몬 치료를 받고 성전환 수술을 받는 과정에서 부딪치는 장벽을 이해하기 위해서였다. 그런데 연구를 진행할수록 내가 오랫동안 당연한 것으로 받아들였던 '성별 이분법의 세계', 즉 인간을 남자와 여자로만 구분 짓는 사회가 누군가에게는 폭력적일 수 있다는 것을 조금씩 깨닫게 되었다.

그 폭력은 병원에서만 나타나는 것이 아니었다. 학교와 직장과 가정과 군대에서, 거리와 식당과 은행과 관공서에서, 마치 공기처럼 차별과 편견은 어디에나 존재했다. 연구의 핵심 질문은 여전히 의료 이용에 대한 것이었지만, 한국 사회를 살아가는 트랜스젠더의 삶 전반에 대해 묻지 않고서는 무엇도 제대로 답할 수 없었다.

책의 1장은 지난 5년간 트랜스젠더의 차별과 건강이라는 낯선 주제를 연구했던 과정을 정리했다. 연구팀은 그동안 기존 연구가 전무했던 한국에서 문헌고찰, 정책 시론, 심층 인터뷰, 설문조사라는 각기 다른 방법론으로 트랜스젠더 건강에 대한 4편의 학술 논문을 발표했다.[1-4] 그 좌충우돌의 과정을 사람들과 공유하고 싶었다.

2장은 청소년과 성인 트랜스젠더의 삶에 대해 당사자들의 목소리를 담고자 했다. 청소년 트랜스젠더에 대한 글인 '교실에도 트랜스젠더는 존재한다'는 연구팀의 이호림 선생님이 2013년 석사 과정 때 동료들과 함께 8명의 청소년 트랜스젠더를 심층 인터뷰한 내용을 정리한 글이다. '성별 이분법이 각색하는 트랜스젠더의 생애'는 연구팀이 성인 트랜스젠더를 대상으로 한 연구 내용을 바탕으로 했다. 트랜스젠더 15명의 심층 인터뷰와 트랜스젠더 282명의 설문조사 자료를 바탕으로 가족, 직장, 군대 등 7개의 키워드로 트랜스젠더의 삶에 대해 풀어 보았다.

3장은 트랜스젠더 의료 이용과 건강에 대한 4편의 글을 모았다. 첫째로, 한국에서 기존에 진행된 트랜스젠더 의료 이용과 건강에 대한 연구를 체계적으로 검토하고 정리했다. 둘째, 트랜스젠더 278명[5]이 응답한 설문조사 결과를 분석해 의료 이용 과정에서 마주하는 장벽을 구체적인 수치로 살펴보았다. 셋째로, 트랜스젠더의 의료 이용에 대해 정신과 진단, 호르몬 치료, 성전환 수술 그리고 일반 건강관리로 나눠 간략히 정리했다. 마지막으로, 트랜스젠더 의료와 관련해 건강보험을 통한 의료보장과 학교와 학회 교육을 통한 의료진 교육이 모두 부재한 한국 사회에 대해 논하고자 했다.

4장은 트랜스젠더 호르몬 치료를 하는 가정의학과 전문의 추혜인 선생님과 성전환 수술을 집도하는 산부인과 전문의 윤정원 선생님과 인터뷰한 내용을 담았다. 현재 한국에서 트랜스젠더 진료에 대한 의학 교육은 이루어지지 않는다. 이러한 환경 속에서 스스로 공부하며 트랜스젠더 환자를 진료하고 있는 전문가의 목소리를 통해 현재 상황을 드러내고, 향후 변화가 필요한 부분을 짚어 내고자 했다.

글 중간 중간 '오롯한 목소리'라는 별도의 코너를 만들어 트랜스젠더 15명을 심층 인터뷰한 내용을 정리하고 설명을 덧붙였다. 한국 사회에서 공론화된 적 없는 트랜스젠더의 의료 이용과 관련한 문제를 당사자의 목소리로 생생하게 전달하고자 했다. 왜 성전환 수술을 받기로 결정했는지, 의료적 트랜지션 관련 정보는 어떻게 찾았는지, 병원에서 치료받으며 경험했던 차별은 어떤 것들이 있었는지 독자들과 함께 이들의 고민을 나눌 수 있기를 바란다.

이 책은 많은 사람들의 도움으로 만들 수 있었다. 한국 정부에서 연구비 지원을 받는 데 실패하고 고민하던 때, 트랜스젠더 건강 연구를 시민을 위한 과학 연구라고 말하며 손 내밀어 준 '변화를 꿈꾸는 과학기술인 네트워크 ESC(Engineers and Scientists for Change)'에 감사드린다. 그렇게 용기를 내어 시작한 다음 스토리펀딩 '트랜스젠더 건강 연구 시작합니다'를 응원하고 후원해 주신 분들께도 감사드린다. '트랜스젠더 인권단체 조각보'에도 감사드린다. 조각보의 활동가들이 없었다면, 이 책에 담긴 여러 연구는 불가능했거나 훨씬 더 빈약한 내용이었을 것이다. 한국 트랜스젠더의 차별과 건강, 이 낯선 단어들의 조합에도 불구하고 책을 출판하기로 선뜻 결정해 준 출판사 숨쉬는책공장에도 감사드린다.

누구보다도 심층 인터뷰와 설문조사에 응해 주신 트랜스젠더 분들께 감사드린다. 인터뷰 섭외를 하고 설문조사를 권할 때마다 말씀드렸다. "어려운 이야기를 해 주시는 것 잘 알고 있습니다. 한 마디 한 마디 정말 소중하게 다루겠습니다." 그 약속을 온전히 지켰다고 자신할 수는 없지만, 연구를 하며 그 말은 잊은 적은 없었다. 예민하고 때로는 불편할 수 있는 이야기를 우리에게 나눠 준 트랜스젠더 참여자에게 이 책이 작게라도 보답이 될 수 있기를 간절히 바란다.

책에 실린 모든 글은 고려대학교 일반대학원 보건과학과 역학 연구실에서 공부하는 박사 과정 학생들과 함께 작업했다. 공동저자인 박주영, 이혜민, 이호림, 최보경 선생님은 소수자의 삶에 대한 섬세한 감각과 낯선 주제를 두려워하지 않는 용기, 그리고 날마다 수많은 문헌을 읽고 정리하는 성실함을 갖춘 훌륭한 동료들이었다. 그들과 함께 좌절하고 함께 고민했던 모든 시간에 감사한다. 그 결과물을 세상에 보일 수 있어 영광이다.

2018년 4월 27일
고려대 안암 연구실에서 저자를 대표하여 김승섭 **7**

출생 시 법적 성별(Legal sex at birth)
태어난 당시 신체에 따라 남성 또는 여성으로 지정된 성별을 뜻한다.
출생 시 법적 성별과 비슷한 개념으로, 지정성별(Assigned sex at birth)이 있다.

성별정체성(Gender identity)
출생 시 법적 성별과 관련 없이, 본인의 성별을 여성과 남성 또는 여성도 남성도 아
닌 성별로 인식하는 내적인 감각을 말한다.

성별 표현(Gender expression)
본인의 성별을 표현하는 옷차림이나 목소리, 행동 등을 뜻한다.

성적지향(Sexual orientation)
어떤 성별의 상대에게 정서적, 낭만적, 성적 끌림을 느끼는지를 일컫는다. 성적지향
에는 이성애, 동성애, 그리고 남성과 여성 모두에게 성적 끌림을 느끼는 양성애와
이러한 끌림을 느끼지 않는 무성애 등이 있다. 흔히 성별정체성과 성적지향을 혼동
하는 경우가 있으나, 둘은 별개의 용어다. 예를 들어, 트랜스여성이면서 여성에게 끌
리는 동성애자가 있을 수 있고, 남성에게 끌리는 이성애자가 있을 수 있다.

트랜스젠더(Transgender)
출생 시 법적 성별과 스스로 정체화하고 표현하는 성별이 일치하지 않는 사람을 가
리키는 포괄적인 용어다. 트랜스젠더와 달리, 출생 시 법적 성별과 성별정체성이 일
치하는 이들을 시스젠더(Cisgender)라고 한다.

MtF(Male to Female) **트랜스젠더, 트랜스여성**(Trans woman)
출생 시 법적 성별은 남성이지만, 성별정체성을 여성으로 여기는 이들을 지칭한다.

FtM(Female to Male) **트랜스젠더, 트랜스남성**(Trans man)
출생 시 법적 성별은 여성이지만, 성별정체성을 남성으로 여기는 이들을 지칭한다.

논바이너리 트랜스젠더(Nonbinary transgender), **젠더퀴어**(Genderqueer),
논바이너리 남성(Nonbinary man), **논바이너리 여성**(Nonbinary woman)
논바이너리 트랜스젠더는 본인의 성별정체성을 남성 또는 여성으로 정의하지 않는
이들을 가리킨다. 논바이너리 트랜스젠더는 출생 시 법적 성별과 관계 없이 스스로
의 성별정체성을 정의한다. 이 책에서는 논바이너리 트랜스젠더 중 출생 시 법적 성
별이 남성인 이들을 논바이너리 남성, 출생 시 법적 성별이 여성인 이들을 논바이너
리 여성이라고 범주화했다. 이와 비슷한 용어로 젠더퀴어가 있다. 젠더퀴어는 남성
과 여성이라는 이분화된 범주의 성별 구분에서 벗어나 스스로의 성별을 중성이나
무성 등 제3의 성별로 인식하는 사람을 가리킨다.

트랜스여성 범주(Trans feminine spectrum),
트랜스남성 범주(Trans masculine spectrum)
트랜스여성 범주는 출생 시 법적 성별이 남성인 트랜스여성과 논바이너리 남성을
함께 지칭하는 용어다. 트랜스남성 범주는 출생 시 법적 성별이 여성인 트랜스남성
과 논바이너리 여성을 말한다. 이 책의 3장에 나오는 트랜스여성 범주와 트랜스남
성 범주는 이러한 용어 구분을 따랐다.

패싱(Passing)
다른 사람이 본인의 성별을 어떻게 인지하는지를 말한다. 주로 보여지는 겉모습이
나 옷차림, 행동, 태도 등을 기준으로 남성 또는 여성, 둘 중 하나로 여겨지는 경우가
많다.

법적 성별정정(Legal sex/gender change)

법적 성별정정은 가족관계등록부 등 공적 문서 상에 기록된 출생 당시의 성별을 성별정체성에 부합하도록 변경하는 것을 말한다. 한국은 2020년 3월까지 트랜스젠더의 법적 성별정정을 위한 법률이 제정되지 않았으며, 트랜스젠더의 법적 성별정정은 대법원 가족관계등록예규인 「성전환자의 성별정정허가신청사건 등 사무처리 지침」에 따라 법원의 결정으로 이루어지고 있다. 과거 지침은 첨부서류로 부모의 동의서를 포함하고, 조사사항으로 성전환 수술 및 생식능력의 제거를 요구하는 등 성별정정에 대한 엄격한 요건을 일률적으로 요구해 비판받아 왔다. 최근 대법원은 '부모의 동의서'를 첨부서류에서 제외했으며(2019년 8월, 대법원가족관계등록예규 제537호 개정), 필수로 제출해야 했던 첨부서류들을 참고서면으로, 조사사항을 참고사항으로 바꾸는 등(2020년 2월, 제550호 개정) 관련 절차를 개선해 나가고 있다.

의료적 트랜지션(Transition-related healthcare, medical transition)

트랜지션은 한 개인이 본인이 생각하는 성별로 살기 위해 거치는 전환 과정을 의미한다. 의료적 트랜지션은 성주체성장애(Gender identity disorder) 또는 성별위화감(Gender dysphoria)에 대한 정신과 진단과 호르몬 요법, 성전환 수술 등을 가리킨다. 모든 트랜스젠더가 의료적 트랜지션을 받길 원하는 것도 아니며, 동일한 수준의 의료적 트랜지션을 필요로 하지도 않는다. 그러나 본인의 성별정체성에 부합하는 성별로 살아가고자 하는 트랜스젠더에게 의료적 트랜지션을 통한 신체적 변화는 삶의 질을 높이는 데 필수적인 요소다.

성주체성장애(Gender identity disorder), **성별위화감**(Gender dysphoria)

성주체성장애는 미국정신의학협회에서 1980년에 발간한 《정신장애 진단과 통계편람》 3판(Diagnostic and Statistical Manual of mental Disorder, DSM-III)에 아동기 성주체성장애(Gender identity disorder of childhood)와 트랜스섹슈얼리즘(Transsexualism)이라는 명칭으로 처음 등재되었다. 트랜스섹슈얼리즘은 이후 청소년과 성인의 성주체성장애에 대한 진단명으로 바뀌었다.

기존의 성주체성장애라는 진단명은 '장애'라는 표현으로 트랜스젠더의 정체성을 병리화하고, 트랜스젠더에게 정신장애라는 낙인을 추가할 수 있다는 비판을 받았다.

이에 따라, 2013년 개정된 DSM-5에서 성주체성장애는 성별위화감으로 바뀌었다. 성별위화감은 출생 시의 법적 성별과 본인이 인지하는 성별이 불일치함에 따라 생기는 불쾌감 또는 위화감을 가리킨다. 성별위화감이라는 진단명은 트랜스젠더라는 정체성 자체는 장애가 아니며, 의학적인 진단과 치료가 필요한 것은 성별위화감으로 인해 트랜스젠더 본인이 느끼는 고통임을 강조한다.

호르몬 요법(Hormone therapy)

성별위화감을 완화하기 위한 의학적 트랜지션 과정 중 하나로, 내분비 호르몬을 외부에서 투여해서 본인의 성별정체성에 부합한 신체 외형으로 변화를 유도하는 의료적 조치다. 호르몬 요법은 환자의 목표와 약물의 위험성 대비 효용, 다른 의학적 증상 유무, 사회 경제적인 고려를 바탕으로 개개인의 상황에 맞는 조절이 필요하다. 호르몬 요법으로 개인의 체형이나 피부, 목소리 등에 변화가 나타날 수 있다. 호르몬 요법을 6개월 이상 받는 경우 비가역적인 신체적 변화를 경험하게 되므로, 의료진과 충분한 상담을 거친 후 진행해야 한다. 이 책에서는 맥락에 따라 호르몬 요법을 호르몬 투여 또는 호르몬 조치, 호르몬 치료와 혼용해 서술했다.

성전환 수술(Sex reassignment surgery)

외과적인 수술을 통해 신체 일부를 특정 성별에 맞게 변화시키는 것으로, 보통 트랜스젠더 개인이 인지하는 성별정체성에 따라 출생 시의 법적 성별과 '반대'의 성별로 수술한다고 여겨진다. 관련 용어로는 성별적합 수술(Gender affirmation surgery), 성재지정 수술(Sex reassignment surgery) 등이 있다. 좁은 의미에서 성전환 수술은 정소나 난소, 내·외부 성기 등 생식기능과 관련된 신체 기관을 제거하거나 성형하는 것을 말한다. 난소 또는 자궁은 현재 의학 기술로는 이식하기 어렵기 때문에 이를 제거하는 경우가 많다. 성기성형수술을 하기 위해서는 특수한 지식과 기술이 필수적이므로 전문 수련 과정을 받은 의료진이 필요하다. 넓은 의미에서 성전환 수술은 유방을 축소, 절제 또는 확대하는 수술과 얼굴의 윤곽이나 이목구비를 특정 성별에 맞게 성형하는 수술 등을 포함한다.

* 용어 정리를 위해 참고한 자료들은 책 뒤쪽 '참고 문헌'에 있습니다.　　　　　11

차례

1장 우리가 만난 282명의 오롯한 당신
: 트랜스젠더 건강 연구, 시민의 힘으로 시작하다

2장 성별 이분법의 세계는 왜 균열되어야 하는가
: 트랜스젠더 존재의 당위를 말하다

트랜스젠더로 학교에서 살아남기

'드러나지 않아도' 경험하는 폭력

'나'를 찾아가는 험난한 길

가족 / 학교 / 직장 / 군대 / 공중화장실 / 투표소 / 성별 이분법적 사회

오롯한 목소리 2 "혼자 고민했어요"

3장 모두에게 문턱 없는 병원을 위하여
: 트랜스젠더, 병원에서 상처받지 않을 권리를 말하다

트랜스젠더 임상 논문

트랜스젠더 사회적 건강 논문

트랜스젠더 국가기관·사회단체 건강 보고서

트랜스젠더 건강 연구의 한계와 제언

의료적 트랜지션을 할 때 트랜스젠더는 어떠한 어려움을 겪고 있을까

설문조사를 통해 만난 한국의 트랜스젠더

한국의 트랜스젠더가 의료적 트랜지션을 할 때 경험한 장벽

트랜스젠더의 안전한 의료적 트랜지션을 위해

트랜스젠더의 의료적 트랜지션

트랜스젠더의 일반 건강관리

의료적 트랜지션을 보장하지 않는 건강보험

트랜스젠더 진료를 가르치지 않는 의학 교육
오롯한 목소리 3 "너희는 우리 병원 아니면 갈 데 없잖아"
오롯한 목소리 4 "확인할 수 있는 검사는 없는 거죠"

4장 우리에겐 이런 의사가 필요하다
: 소수자가 건강한 사회는 모두가 건강한 사회

"숨어 있던 이야기들이 말을 걸기 시작했다."

1

우리가 만난 282명의
오롯한 당신

: 트랜스젠더 건강 연구, 시민의 힘으로 시작하다

이렇게 시작되었습니다
: 트랜스젠더 건강 연구 12장면

#1 우리의 무지를 인정하기

"*당신이 상상할 수 없다고 세상에 없는 것으로 만들지는 말아 줘.*"

- 황정은, ≪계속해보겠습니다≫ 중

트랜스젠더, 이 단어는 오랫동안 나에게 익숙지 않은 말이었다. 매스컴에 자주 오르내리던 한 연예인을 통해 막연하게 스스로를 여자라고 생각하는 남자라고 잘못 알고 있었다. 연구를 하면서 알게 되었지만, 트랜스젠더는 태어날 때 지정받은 성별과 스스로 생각하는 성별이 다른 모든 사람을 지칭하는 용어다. 흔하게는 남성으로 태어

이 글은 레인보우 커넥션 프로젝트의 책임연구원인 김승섭이 ≪사이언스온≫에 2017년 10월 투고한 <나와 우리의 무지를 깬 트랜스젠더 건강연구 10장면>(http://scienceon.hani.co.kr/554277)을 수정, 보완했다.

났지만 본인의 성별을 여성으로 여기는 트랜스여성과 그 반대의 경우인 트랜스남성을 일컫는다. 또한 태어날 때 지정받은 성별에서 벗어나 스스로를 남성과 여성 중 어느 쪽이라고도 생각하지 않는 논바이너리 트랜스젠더(Nonbinary transgender)도 있다.

연구를 하며 가장 자주 떠올린 단어는 '무지'였다. 트랜스젠더 건강 연구를 하는 과정은 모든 게 새로웠다. 일상에서 사용하지 않는 새로운 단어에 익숙해지고 그 뜻을 배워야 했던 면도 있지만, 한 번도 생각해 보지 않았던 문제들에 대해 진지하게 생각해야 했다. 사람은 남성과 여성으로 태어나고 살아간다는 그 고정관념을 나는 오랫동안 의심해 본 적이 없었던 것이다. 그동안 연구자로서 쓴 수많은 논문에서 성별이라는 변수는 남과 여로 고정된 것이었으니까. 트랜스젠더의 목소리에는, 내게는 더없이 '자연스럽고 익숙한' 어떤 것들로 인해 고통을 받는 누군가가 살아가는 세상이 있었다. 은행에서 신원 확인을 위해 신분증을 보일 때, 공중화장실을 이용할 때 그들이 겪어야 하는 어려움을 나는 짐작조차 못했다.

#2 기존 연구는 없었다

대부분의 트랜스젠더는 의료적 조치를 받거나 법적 성별을 정정하는데, 그 과정을 성별 트랜지션(Gender transition)이라고 부른다. 그중에서 정신과 진단이나 호르몬 치료, 성전환 수술 등의 의료서비스를 의료적 트랜지션(Medical transition)이라고 한다. 그런데 트랜스젠더에게 필요한 의료서비스는 여기에 그치지 않는다. 성전환 수술을 거친 트랜스젠더의 경우에도 수술 이후에 새로 만들어진 생식기나 제거되지 않은 생식기에 대한 주기적인 암검진이 필수적이다. 또한, 꾸준히 호르몬 치료를 받을 경우 그에 따른 생리적 변화로 발생할 수 있는 위험 질환 역시 검진이 필요하다.

신체적 건강만이 아니다. 트랜스젠더에게 가해지는 편견이나 차별을 감안할 때 정신 건강의 측면에서도 고려가 필요하다. 27,715명의 트랜스젠더를 대상으로 한 미국 설문조사 결과에 따르면, 응답자의 24%가 학교에 다닐 때 신체적 폭력을 당한 경험이 있었고, 40%의 응답자가 자살 시도 경험이 있는 것으로 응답해 정신 건강이 취약한 것으로 나타났다.[1] 성소수자에 대한 사회적 편견이 만연한 한국 사회에서 그런 폭력이 덜할 리 없다. 분명 한국의 트랜스젠더는 드러나지 않는 곳에서 아파하고 괴로워하고 있을 게 분명했다.

한국에서 트랜스젠더의 건강에 대한 연구는 전무했다. 한국 정부는 물론이고 학자들도 한국 사회에서 살아가는 트랜스젠더의 존재를 인정하고 그들의 건강에 대해 논하는 언어를 가지고 있지 못했다.

#3 트랜스젠더 병역 면제 인권위 진정에 참여하며

2015년 초 공익인권변호사모임인 '희망을 만드는 법'의 한가람 변호사로부터 메일을 받았다. 출생 시 법적 성별은 남성이지만 스스로 여성이라고 정체화하는 트랜스여성 A씨의 군입대 관련 국가인권위

원회 진정에 대한 글이었다. A씨는 정신과 의사로부터 성주체성장

애(Gender Identity Disorder) 진단을 받고, 호르몬 치료를 꾸준히 받아

왔다. 그런데, 2012년 징병신체검사를 받고 나서 병무청으로부터 고

환적출이나 성전환 수술을 받지 않으면 병역 면제가 안된다는 통보

를 받았다. 이에 A씨는 어쩔 수 없이 고환절제수술을 받아야 했다.

한가람 변호사의 이메일은 이 사건에서 병무청의 판단이 합리적이

지 않다고 주장하는 국가인권위 진정에 전문가 소견서를 제출해 달

라는 내용이었다.

내가 해석한 진정의 핵심은 '트랜스젠더가 자신의 성별정체

성을 증명하기 위해 어느 정도 수준의 의학적 근거가 필요한가? 고

환절제술과 같은 외과시술이 필수적인가?'였다. 이 질문에 답하기

위해서는 당연히 '한국의 트랜스젠더는 어떤 환경에서 살고 있고,

한국 사회에서 그들에게 호르몬 치료나 성전환 수술은 어떤 의미인

가?'에 대해 먼저 알아야 했다.

여러 논문과 책을 찾아 읽기 시작했지만, 어쩔 수 없이 미국

과 유럽에서 진행된 트랜스젠더 건강 연구들을 인용해 전문가 소견

서를 작성했다. 핵심은 3가지였다.

첫째, 한국에서 호르몬 치료와 성전환 수술 비용은 건강보험

이 적용되지 않는다. 이러한 상황이 20대 초반인 트랜스젠더 당사자

에게는 큰 부담이 된다. 비용 부담은 개인에게 온전히 떠넘기면서,

수술을 받지 못한 트랜스젠더에게 국방의 의무를 이행하라고 요구

하는 것이 과연 올바른지 숙고할 필요가 있다. 둘째, 한국에서는 트

랜스젠더에게 의료적 트랜지션 관련 진료와 수술을 제공할 수 있는, 충분한 훈련을 받은 의료진이 존재하지 않는다. 의과대학은 물론이고, 산부인과나 성형외과 레지던트 수련 과정에서도 관련 교육을 받지 않는다. 현재 한국 트랜스젠더는 높은 비용과 수술 후 합병증을 감수하면서 대부분 태국을 비롯한 외국으로 나가 수술을 받고 있다. 셋째, 한국과 같이 성소수자에 대한 편견이 만연한 사회에서 당사자가 충분한 준비 과정을 거쳐 자신의 의지에 따라 성전환을 하는 것이 아니라, 병역 면제를 위해 어쩔 수 없이 수술을 받게 되면, 그동안 쌓아온 사회적 관계가 무너질 수 있다.

이 사건에 소견서를 제출하는 과정에서, 한국 사회에서 트랜스젠더 건강에 대한 연구 자체가 부재하다는 점을 확인했다. 무엇인가 시작해야 한다고 생각했다.

#4 트랜스젠더 15명을 만나다

내 전공은 설문조사나 행정 자료를 분석해 질병의 분포와 원인을 이해하는 역학(Epidemiology)이다. 트랜스젠더에 대한 행정 자료가 부재한 상황에서 연구를 진행하기 위해서는, 설문조사만이 유일한 방법이었다. 그러나 당장 조사를 시작할 수는 없었다.

우리는 한국의 트랜스젠더가 어디에서 어떻게 살고 있는지 알지 못했다. 그런 상황에서 좋은 설문지를 만드는 것은 불가능했다. 2014년 이혜민, 박주영 선생님과 함께 《보건과 사회과학》에 발표한 <한국 성소수자 건강 연구: 체계적 문헌고찰>에서 성소수자 건강에 대한 연구 지도를 그린 적이 있었다.[2] 2013년까지 트랜스젠더를 포함한 성소수자 건강에 대해 한국에서 발표된 모든 논문을 검토했는데, 한국의 트랜스젠더 건강 연구는 턱없이 빈약했다. 몇 안 되는 기존 연구들은 외과적 수술 사례를 보고한 의학 논문이었다. 트랜스젠더들이 병원에서 어떤 경험을 하는지, 의료적 조치에 드는 비용과 관련해서 건강보험 적용은 어떻게 되는지 등에 대한 연구는 없었다.

　연구실 학생들과 연구를 기획하고 설문조사를 통해 데이터를 수집할 때, 충분한 사전 검토와 고민이 없으면 그 연구에 참여한 사람들에게 '죄'를 짓는 일이라고 가르쳤다. 그동안 소방공무원 인권 상황 실태조사나 전공의 근무 환경조사 같은 여러 연구를 진행하면서 애초 의도했던 계획이 실패한 적은 많지만, 한 번도 구체적인 계획 없이 학생들이 막연히 궁금한 내용을 설문 문항에 포함시키도록 허용한 적은 없었다. 그런데 트랜스젠더 건강에 대해서는 아직 설문조사를 진행할 만큼 당시 우리의 고민과 공부가 충분히 쌓여 있지 않았다.

　고민 끝에 일단 트랜스젠더를 만나 그들의 의료 이용 경험에 대해 듣기로 했다. 물론 그 기회를 막연하게 듣고 배우는 시간으로 끝낼 수는 없었다. 학생들이 연구실에서 보내는 모든 시간은 최대한 논문 발표로 이어지도록 하는 것을 목표로 삼고 있었다. 문제는 내가 심층 인터뷰를 진행하고 분석하는 질적 연구(Qualitative Research) **23**

전문가가 아니라는 점이었다. 나는 통계를 이용해 데이터를 분석하는 양적 연구(Quantitative Research)의 방식으로 박사학위를 받았다. 선무당이 사람 잡는다고, 내가 알지 못하는 방법론으로 이 예민한 주제에 접근할 수는 없었다.

당시 연구실에는 질적 연구로 사회학 박사학위를 받은 손인서 박사님이 연구교수로 일하며 차별과 건강에 대한 체계적 문헌검토 논문을 함께 진행하고 있었다. 책임연구원으로 연구의 행정을 내가 책임질 테니, 박사님께 트랜스젠더 의료 이용에 관한 질적 연구를 진행하고 분석하는 일을 부탁드렸다. 그리하여 연구실 박사 과정 박주영 선생님, 석사 과정 이혜민 선생님과 함께 팀을 이뤘고, 트랜스젠더 15명을 만나 연구를 진행했다.

물론 인터뷰 섭외가 쉽지 않았다. 한국 사회에서 트랜스젠더가 낯선 연구자에게 자신의 예민한 이야기를 들려주는 게 쉬운 일일 수 없었다. 가까이 지내던 트랜스젠더부터 인터뷰를 시작하고, 그분이 다른 이를 추천해서 연결해 주는 방식으로 인터뷰를 진행했다. 그 과정에서 짐작조차 하지 못했던 많은 이야기가 나왔다. 마땅한 병원을 찾아가는 일부터, 호르몬 치료와 성전환 수술을 받는 과정에서 겪는 차별과 어려움에 대해 들었다. 이 연구는 1년이 넘는 분석 과정을 거쳐, 2017년 5월 《한국 사회학》에 '트랜스젠더의 의료적 트랜지션과 의료서비스 이용: 사회적 낙인과 의료적 주변화'라는 제목으로 실렸다.[3]

#5 교수님, 이 논문을 받아 줄 학술지가 있을까요?

심층 인터뷰를 통해 트랜스젠더 당사자의 목소리를 듣고, 그들의 의료 이용 경험에 대해 서술하고 분석할 수 있었다. 그런데 그것으론 충분치 않았다. 제도적인 측면에서 추가적인 분석이 필요했다. 한국 트랜스젠더 의료접근성과 관련해서 현재 상황이 어떠하고 무엇이 필요한지에 대해, 국내외 현황을 정리하고 외국의 연구를 정리한 글이 절실했다.

마침 2015년, 10대 트랜스젠더를 대상으로 한 인터뷰를 진행한 경험이 있는 이호림 선생님이 연구실에 박사 과정으로 들어오게 되어 함께 이 주제로 논문을 진행하기로 했다. 세상에 쉬운 논문은 없지만, 이 연구는 조금 다른 측면에서 어려웠다. 내가 기존에 발표한 논문은 데이터를 직접 수집하거나 정부 기관이 수집한 데이터를 분석해서 그 결과를 해석하는 연구이거나, 그동안 이루어진 논문들을 검토해서 체계적으로 정리하는 문헌고찰 논문이었다. 그런데 한국 트랜스젠더 의료접근성에 대해서는 데이터도 없었고 기존 연구도 없었기에 이 중 어떠한 길도 선택할 수 없었다.

그래서 한 번도 해 본 적 없는 형식으로 논문을 쓰기 시작했다. 한국의 여러 인권단체가 발표한 보고서에 담긴 트랜스젠더 의료접근성에 대한 내용들을 정리하고, 관련한 외국 논문들을 함께 읽기 시작했다. 그렇게 해서 논문의 주요 내용을 3가지로 잡았다. 첫째는 한국 트랜스젠더에게 필요한 의료적 조치와 그 비용을 정리하고, 둘째는 제도적인 측면에서 그런 의료적 조치가 건강보험과 같은 공공 자금을 통해 얼마만큼 지원되고 있는지에 대해 알아보고, 셋째로는 의료공급자의 측면에서 의학 교육과 의료진 수련 과정 가운데 트랜스젠더를 진료하기 위해 필요한 교육이 무엇이고 어떻게 진행되어야 하는지에 대해 서술했다.

논문을 쓰는 과정에서 학생들이 내게 물었다. "교수님, 이 글을 논문으로 받아 줄 학술지가 있을까요?" 학생들은 불안했던 것이다. 물론 나 역시 자신이 없었다. 하지만 학생들에게 말했다. "이 글에 담긴 내용이 한국 사회에 학술적으로 필요한 내용이라는 점은 확신하지? 그러면 믿고 가자. 그런 글은 학술지가 분명 알아볼 거야."

논문을 투고하기 전에 학술지 담당자에게 내가 트랜스젠더에 대한 시론 논문을 썼는데 이런 주제의 논문도 심사 고려 대상이 되는지 물었다. 담당자는 일단 투고하시라고, 논문을 보고 편집팀에서 회의를 하고 결정하겠다고 답했다. 기존 연구가 부재한 한국 트랜스젠더의 의료보장을 다룬 논문인지라, 학술지 입장에서도 낯설겠지만 한국 사회에 꼭 필요한 내용이라 생각한다고 말씀드렸다.

2015년 《보건사회연구》에 '한국 트랜스젠더 의료접근성에 대한 시론'이라는 제목으로 발표된 이 논문 초록의 첫 문장은 다음과 같다.[4] "한국에서 트랜스젠더의 의료접근성에 대한 논의는 전무하다."

엄격한 학술언어로 쓰는 논문에서 "기존 연구가 전무하다"는 표현을 쓸 만큼 황무지에 덤벼든 논문이었다. 이 논문이 발표되고서 가장 기뻤던 것은 그 막막한 과정에서 최선을 다해 준 학생들에게 좋은 교육이 되었다는 점이다. 정말로 필요한 주제에 대해 연구하고 글을 쓴다고 했을 때 부족하더라도 현재 가능한 자원을 최대로 활용해 최선의 설명을 제공한다면, 학술지가 논문으로 인정해 주리라는 우리의 믿음이 틀리지 않았다는 걸 함께 배울 수 있었다. 다행이었다.

#6 새로운 길이 열렸다

이제 트랜스젠더 건강 연구라는 주제로 연구를 지원할 준비가 되었다고 판단했다. 문헌고찰,[2] 심층 인터뷰,[3] 정책 연구 논문[4]을 쓰면서 무엇을 조사해야 하는지에 대해서도 점차 정리되기 시작했다. 우리 연구실의 전공인 설문조사를 진행하고 그 데이터를 분석하는 연구를 진행하기로 결정했다. 한국연구재단에 트랜스젠더 건강 조사 진행을 위한 연구비를 신청했다. 학생들은 걱정했지만 나는 받을 수 있을 거라 생각했다. 그동안 논문 발표 실적이 좋았고, 이 주제를 연구하기 위한 충분한 준비를 했다고 믿었기 때문이다.

결과는 미선정이었다. 일차적인 이유는 당연히 연구 제안서가 부족한 것이었겠지만, 심사평 중에서 받아들이기 어려운 내용이 2가지 있었다. 하나는 트랜스젠더가 의료 이용 과정에서 차별을 겪을 것이라 전제하고 들어가는 게 학자로서 중립적이지 않다는 지적이었다. 받아들이기 어려웠다. 학술 논문으로는 존재하지 않았지만 여러 사회단체의 보고서에서, 또 외국의 연구에서 트랜스젠더가 의료 이용 과정에서 여러 차별을 겪고 있다는 점은 이미 잘 알려져 있었다. 심층 인터뷰로 만났던 트랜스젠더 참여자들은 모두 차별 경험을 가지고 있었다. 그래서 연구를 통해 한국 트랜스젠더가 어떤 의료 이용 과정에서, 어떤 차별을 겪는지 알아보겠다는 목표가 내게는 합리적인 서술이었다.

받아들이기 어려웠던 또 다른 비판은 우리가 수집할 연구 데이터가 트랜스젠더 집단을 대표하기 어렵다는 지적이었다. 2017년을 기준으로 한국의 트랜스젠더를 대표하는 연구 집단을 구성하는 일은 불가능했다. 대한민국 정부를 포함해서 그 누구도 한국에 트랜스젠더가 몇 명이 있는지, 어디에 살고 있는지 알지 못한 상황에서 어떻게 대표성 있는 연구 집단을 구성할 수 있겠는가. 한국 정부와 학계는 이 주제에 대해 그동안 철저하게 무관심했고, 국내에 거주하는 트랜스젠더의 규모를 추정하기 위한 연구조차 한 번도 진행한 적이 없었다. 한국 트랜스젠더 건강에 대한 연구는 우리 연구팀의 논문이 유일한 상황이었다. 총 연구비가 5천만 원이 안 되는 트랜스젠더 건강 연구 기획서를 대표성을 이유로 비판하는 것은 받아들일 수 없었다.

나는 지금까지 40편이 넘는 연구 논문을 학술지에 발표했는데, 그 대부분의 분석 대상은 국가 기관이 수집한 대표성을 지닌 대규모 데이터였다. 그런 데이터로 분석을 하면, 논문을 심사받는 과정에서 다가오는 여러 비판들을 방어하기가 훨씬 수월하다. 방법론적으로 좀 더 튼튼한 논문을 쓸 수 있기 때문이다. 하지만 그 데이터로는 트랜스젠더와 같은 사회적 소수자의 삶에 대해 연구할 수 없다. 국가 기관의 대규모 연구는 사회적 낙인 속에서 불안정한 삶을 사는 이들의 삶에 관심이 적고, 그런 사람들을 대규모 패널 데이터(Panel data)가 포함하는 경우도 매우 드물기 때문이다.

우리는 선택을 해야 했다. 길은 둘 중 하나였다. 좀 더 준비를 하며 적절한 시기가 올 때까지 기다릴 것인가? 아니면, 이 부족함을 감수하며 현재 가능한 수준에서 최선의 연구를 할 것인가? 우리의 선택은 후자였다. 만약 우리 연구가 세계의 구성원리를 파악하는 물리학 연구였다면 다른 선택을 했을지도 모른다. 그러나 보건학은 인구 집단의 건강을 증진시키기 위한 응용학문이다. 한 공동체가 어떻게 해야 더 건강해질 수 있을지에 대해 논할 때, 가장 중요한 집단은 그 공동체가 받을 수 있는 혜택으로부터 사각지대에 놓인 사람들이다. 현재 시스템으로 인해 고통받는 사람들이 있는 상황에서, 좀 더 방법론적으로 엄밀한 연구를 진행하기 위해 언제가 될지 모르는 그날을 마냥 기다릴 수는 없었다.

2017년 한국에서 가능한 자원을 최대로 활용해서 무엇이 한국 트랜스젠더를 아프게 하는지에 대해 최선을 다해 설명하고, 어떻게 해야 한국 트랜스젠더가 스스로의 존엄을 지키며 건강하게 살 수 있는지에 대해 과학적 근거를 제시하고 싶었다. 과학은 올바른 결론의 집합이 아니라, 합리적 사유양식에 기반해 당대에 가용한 자원을 활용한 최선의 설명이라고 나는 배웠다.

정부 기관의 지원을 받지 못하게 된 상황에서, '변화를 꿈꾸는 과학기술인 네트워크 ESC'에서 크라우드펀딩(Crowdfunding)으로 연구할 사람을 찾고 있다는 소식을 접했다. 나 역시 '좋은 사회와 좋은 과학을 함께 꿈꾸는' 이 모임의 회원이었다. ESC 크라우드펀딩 위원장인 한양대 한재권 교수님께 연구 기획서를 제출했고, 심사 과정을 거쳐 승인받았다.

#7 크라우드펀딩, 시민의 후원으로 연구하기

크라우드펀딩으로 트랜스젠더 건강 연구를 위한 연구비를 모으기로 한 이후에는 다음 스토리펀딩의 플랫폼을 이용하기로 결정했다.[5] 우리는 요구받았던 연재글과 후원한 분들께 드릴 리워드를 준비해서 담당 매니저분과 약속을 잡고 한남동에 있는 사무실로 찾아갔다.

깔끔하고 예쁜 회의실에 연구실 박사 과정 이혜민 선생님과 크라우드펀딩 담당 매니저분이 함께 앉아 있던 그 장면을 지금도 기억한다. 후원해 주시는 분들께 리워드를 어떻게 드릴 거냐는 질문에 나는 "1만 원 내는 분들께는 저희가 쓰는 책에 후원자로 이름을 넣어 드리고, 3만 원은 연구 결과를 발표하는 강연회에 초대를 하고……." 이렇게 답을 하는데, 마주 앉은 담당 매니저분의 표정이 점점 어색해졌다.

잠시 침묵이 흐른 뒤, 매니저분이 입을 열었다. "교수님이 하시는 이야기는 실제로는 아무런 리워드도 주지 않겠다는 것과 같아요." 책에 후원해 주신 분들의 이름을 넣는 걸 리워드라 할 수 있겠

냐며, 연구 결과를 발표하는 강연회에 몇 명이나 올 것 같냐고 되레 물었다. 모 스타기자도 오프라인에서 강연을 하면 참가자를 100명 이상 모으기 쉽지 않다는 말도 덧붙였다.

준비해 간 연구팀 소개글과 연재글을 보여 줬을 때 매니저분은 "대학에서 연구하시는 분들이시죠?"라고 말하고는 우리의 눈을 피했다. 이혜민 선생님과 나는 어찌할 바를 몰랐다. "저희 글이 그 정도로 이상한가요?" 매니저분은 글이 나쁜 건 아닌데 많은 분들이 핸드폰으로 보실 텐데 편하게 읽을 수 있는 글은 아니라고 했다. 나름 부드럽게 대중적으로 글을 쓴다고 노력했지만 실제로는 매우 연구자스러운 글이었던 것이다.

미팅을 마치고 옆 건물 1층에 있는 커피숍에 갈 때까지 이혜민 선생님과 나는 서로 아무 말도 나누지 못한 채, 침묵 속에서 나란히 걷기만 했다. 크라우딩펀딩을 한다는 게 결국 시장에서 영업을 하는 일인데, 내가 막연히 사람들의 호의에 기대어 일을 하려고 했다는 점을 깨달았다. 대학에서 연구만 하던 백면서생이 아무런 준비 없이 영업에 투입된 신입사원이 된 셈이었다.

나는 "혜민아, 우리 정신 차리자. 여기서 조금만 잘못하면 우리 연구 망하겠다"라고 앞에 앉아 있는 이혜민 선생님을 보며 말했다. 우리가 순진했다는 점을 인정하기로 했다. 매니저분의 이야기를 듣고 리워드를 처음부터 다시 고민했다. 돈을 낸 사람들이 후원을 했다는 것에 자부심을 느끼고 자랑할 수 있는, 보여 줄 수 있는 무엇인가를 준비해야 했다.

이튿날 연구실에서 연구팀 선생님들과 다시 회의를 했다. 디자인을 도와줄 수 있는 분께 약소한 수고료를 드리고, 연구팀 로고를 디자인했다. 우리 연구 프로젝트의 공식명칭인 Rainbow Connection Project 로고가 예쁜 무지개 색깔을 입어 나왔다. 그 디자인으로 에코백과 핀버튼을 찍기로 했다. 크라우드펀딩을 도와주는 ESC 측에 텀블러 디자인을 부탁했고, ESC 회원분의 도움으로 정말 예쁜 텀블러가 나왔다.

지금도 기억나는 에피소드가 하나 있다. 다음 스토리펀딩 첫 번째 글이 올라가기 전에 리워드 사진도 올려야 해서 에코백을 급하게 제작했다. 그런데 제작하고 보니 에코백의 천이 내가 생각했던 것보다 얇았다. 뭔가 허술한 느낌이었고, 나라면 이 에코백을 받고서 기쁠지, 일상에서 실제로 사용할 수 있을지 의구심이 들었다. 고민 끝에 크라우드펀딩이 진행되는 동안에 선생님들과 회의를 했고 에코백 1개당 원가를 1천 원 정도씩 더 주고 더 좋은 천으로 새로 찍기로 결정했다. 이미 찍은 에코백은 선물하거나 따로 판매할 때 사용하고, 3만 원 이상 후원하는 분들께 드리는 에코백은 좀 더 두꺼운 천으로 다시 만들기로 했다. 그렇게 새로 찍은 에코백을 후원자들에게 보냈다. 이 연구에 후원해 주신 모든 분들이 리워드를 받고서 자부심을 느끼고 기뻐했으면 하는 마음이었다.

스토리펀딩은 시작한 지 하루 만에 목표 금액의 절반을 모금했고, 7일째 되던 날 목표 금액을 모두 모금하는 데 성공했다. 펀딩이 성공했다고 축하한다는 문자를 받았던 그 순간이 지금도 기억난다. 감사했다. 어떤 사람이 볼 때는 1천만 원이라는 연구비가 고만고만한 돈일 수도 있다. 이 1천만 원에는 돈이 되지 않는 이 연구를, 사회적 소수자인 트랜스젠더의 건강 연구를 응원하는 수백 명의 응원이 담겨 있었다. 분명 누군가는 넉넉지 않은 형편에 마음을 내서 1만 원씩 보냈을 것이다. 트랜스젠더도 세금을 내는 시민인 만큼 가능하면 그들의 건강에 대한 연구도 국가 기관의 지원을 받아 진행했으면 했다. 그럴 수 있었다면 이 사람들의 이 아까운 돈을 내 연구에 쓰지 않아도 될 텐데라는 안타까움이 있었다. '정말 시민의 도움으로 연구를 한다'는 말이 실감났다.

2017년 3월 23일 과학잡지 《네이처(Nature)》에 우리가 진행한 크라우드펀딩을 한국 사회에서 나타난 대안적인 연구 형태로 소개한 기사가 실렸다.[6] 한국 정부로부터 연구비를 받지 못하고 시민들의 후원을 통해 연구를 진행했던 우리의 여정이 오히려 외국에서 인정받은 것 같았다.

#8 연구하며, 만나며, 배우며

<한국 트랜스젠더의 차별과 건강: 설문조사 기반 양적 연구(2017)> 설문지를 디자인하는 과정에서 연구팀 내부에서는 여러 논쟁이 있었다. 그중 가장 큰 의견충돌은 논바이너리 트랜스젠더를 설문 대상에 포함할 것인지 여부였다. 트랜스여성과 트랜스남성 같은 트랜스젠더만을 대상으로 하면 데이터 분석이 더 간단했다. 그런데 논바이너리

33

트랜스젠더는 태어날 당시 부여받은 법적인 성별을 부정하며, 자신의 성별정체성을 여성이나 남성 둘 중 하나로 구분하지 않는 사람들이었다. 이들은 대부분 스스로가 남성인지 여성인지 모르거나 판단을 유예한 경우가 아니라, 이미 그중 어느 쪽으로도 스스로를 정체화하지 않기로 결정한 경우였다. 이러한 논바이너리 트랜스젠더에 대한 건강 연구가 필요하다는 데에는 연구팀 모두가 동의했지만, 그들을 이번 연구에 포함시킬지 여부를 두고서는 논쟁이 있었다.

연구팀은 이 문제를 제대로 이해하기 위해 당사자분들을 만나 자문회의를 했다. 논바이너리 트랜스젠더 세 분을 모시고, 설문지의 문항 하나하나를 함께 검토하는 회의를 진행했다. 그 미팅에서 우리가 생각하지 못했던 중요한 여러 질문들이 나왔다. 일단 그분들은 성주체성장애 정신과 진단을 받는 과정부터 어려움이 있었다. 태어났을 때 부여받은 성별을 벗어나고자 하지만, 그렇다고 자신이 남성과 여성 중 하나라고 생각하지도 않는 사람들이었으니까. 그 진단서가 없으면 호르몬을 처방받기도 어려웠다. 그래서 이 분들은 병원 처방 없이 호르몬을 구하는 방법을 찾아야 했다. 자문회의가 끝나고 설문지를 모두 수정하기 시작했다.

이렇게 자문회의를 통해 설문 문항이 바꾸는 일은 계속되었다. 한국에서 커밍아웃한 트랜스젠더 변호사 1호인 박한희 변호사님과 자문회의를 하고 나서야 민간보험 가입과 관련해서 트랜스젠더가 겪는 차별에 대한 질문을 설문에 포함시킬 생각을 했고, 트랜스젠더 인권단체 조각보 활동가 세 분과 회의를 진행하고 나서야 트랜스젠더의 성매매/성노동에 대해 어떻게 질문해야 하는지를 알게 되었다. 트랜스젠더 호르몬 치료를 진행하는 살림의료복지사회적협동조합의 추혜인 선생님과 트랜스젠더 성전환 수술을 하는 녹색병원의 윤정원 선생님이 의료 이용 설문에 대해 검토해 준 내용은 더할 나위 없이 중요한 것들이었다.

우리 연구의 또 다른 목표는 트랜스젠더 연구가 활발한 외국에서 개발된, 트랜스젠더의 삶과 관련된 주요 설문지를 번역하는 것이었다. 우리가 관심이 있었던 것은 로즈 대학(Rhodes College)의 트랜스젠더 건강 연구자인 라일란 테스타(Rylan Testa) 교수가 만든 '내재화된 트랜스혐오(Internalized Transphobia)'였다. 조심스레 보낸 공동연구 제안 이메일에 테스타 교수는 흔쾌히 응해 줬다.

우리 연구팀은 이 질문지를 한국어로 번역하기 위해 여러 단계를 거쳤다. 일단 외부 전문가 2명이 영어 설문지를 한국어로 번역했고, 한국어 번역본 2개를 놓고서 회의를 한 후에 하나의 한국어 번역본으로 만들었다. 그 한국어 번역본을 또 다른 독립된 연구자 2명이 영어로 번역을 해서, 회의를 통해 그 둘을 조율해서 합친 최종 영어 재번역본을 만들어 테스타 교수에게 보냈다. 이 영어본과 당신이 애초에 만든 영어 설문지가 실제로 유사한지, 그 의미가 왜곡된 부분은 없는지를 묻고 코멘트를 받았다. 그 코멘트를 기반으로 최종 설문지를 만들었다. 돌이켜 보면 어느 과정 하나 빼놓을 수 없었다.

마지막으로 그 당시에 읽었던 외국의 한 연구를 통해 설문지에서 빠져서는 안 될 중요한 질문을 추가했다. 2016년 12월에 《청소년 건강 학술지(Journal of Adolescent Health)》에 실린 미국 오하이오 주립대와 하버드대의 공동연구였다.[7] 10대 트랜스젠더 73명을 대상으로 그들이 호르몬 치료를 받기 전에, 난자·정자 보관(Fertility preservation)을 하는지에 대해 조사한 것이었다. 아이를 갖는 것은 삶의 행복을 구성하는 중요한 요소 중 하나일 수 있는데, 의료적 트랜지션을 시작하고 나면 자신의 난자와 정자로 아이를 갖기 어려우니 그 전에 난자와 정자를 추출해서 보관해 놓는 사람의 비율이 얼마인지를 조사한 연구였다. 연구에 참여한 73명 중 72명이 난자·정자 보관 상담을 했고, 2명은 실제로 난자·정자 보관을 했으며, 45%는 나중에 아이를 입양하고 싶다고 응답했다. 이 논문을 읽고 나서야 나는 트랜스젠더의 가족구성에 대한 고민을 시작했다.

우리 연구팀은 2014년 트랜스젠더를 포함한 성소수자 건강에 대한 체계적 문헌고찰 논문[2]과 2016년 트랜스젠더 15명의 인터뷰를 바탕으로 그들의 의료 이용 경험을 다룬 심층 인터뷰 논문,[3] 트랜스젠더 성전환 관련 의료보장과 의학 교육에 대한 정책 논문[4]까지 총 3편의 논문을 발표한 상태에서 이 설문조사를 진행했다. 한국에서 우리보다 이 분야 연구를 많이 한 연구팀은 없다. 하지만 설문지를 만들고 연구를 진행하는 과정에서 우리가 그들의 삶에 대해 얼마나 무지한지, 우리의 상상력이 얼마나 제한적인지를 알게 되었다. 학자로서 왜 계속 발표되는 논문들을 철저히 공부해야 하는지, 동시에 왜 당사자들의 목소리에 계속해서 귀 기울여야 하는지에 대해 또 한 번 깨닫는 시간이었다.

#9 트랜스젠더를 어디서 만날 수 있을까?

2017년 설문조사를 진행하면서, 우리는 이 연구가 한국의 현재 상황에서 가능한 한 많은, 다양한 트랜스젠더가 참여하길 바랐다. 그래서 트랜스젠더에게 접근할 수 있는 통로를 최대한 확보하고자 했다. 트랜스젠더 인권단체 조각보의 도움으로 트랜스젠더 온라인 커뮤니티에 연구팀의 설문조사에 대한 홍보글을 올릴 수 있었다. 온라인 커뮤니티를 통한 인터넷 설문조사 자체는 이전에 소방공무원 인권 조사와 병원 전공의 근무 환경조사를 진행할 때 해 봤던 익숙한 형태였다. 하지만 트랜스젠더 건강 연구는 이것으로 불충분했다. 커뮤니티 활동을 하지 않는 트랜스젠더들이 배제될 소지가 다분했기 때문이다.

그래서 트랜스젠더가 호르몬 치료를 위해 방문하는 병원들의 도움이 무엇보다 필요했다. 그런데 병원들이 우리 연구를 도와줄 이유가 마땅치 않았다. 병원은 환자 진료가 최우선인 공간이고, 그곳에 설문조사를 부탁드리는 게 과연 가능할지 확신이 들지 않았다. 일단은 담당자를 직접 만나 상의하는 수밖에 없었다. 연구팀의 박사과정 선생님들과 함께 서울에서 트랜스젠더가 자주 방문하는 병원 세 곳을 찾아갔다.

연구에 대한 설명과 함께 설문조사 링크가 담긴 인쇄된 브로슈어를 보여 드리고는, 진료를 받기 위해 찾아온 트랜스젠더에게 연구에 대해 간단히 설명하고 그 브로슈어를 나눠 주실 수 있겠냐고 물었다. 몇몇 분들이 "그냥 브로슈어를 보내시지, 부담스럽게 교수님이 직접 오셨어요?"라고 내게 물었다. "부담드리려고요. 도와주세요. 정말 잘해 보고 싶어요." 데이터 수집이 끝난 지금 시점에서 생각해 볼 때 병원을 포함하지 않았다면 반쪽짜리 설문조사가 될 뻔했다.

그다음 고민은 서울과 대구에서 진행되는 퀴어퍼레이드에서 어떻게 설문조사를 진행할지에 관한 것이었다. 일단 성소수자들이 다 함께 광장에 모이는 기회를 놓칠 수는 없었다. 처음 계획은 설문지를 출력해 가서 그 날 오신 분들께 직접 설문 응답을 받는 것이었다. 막상 설문지를 인쇄해 보니 20페이지가 넘었는데, 그 떠들썩한 축제 현장에서 설문에 응답해 달라고 하는 것은 현실적으로 불가능하다는 결론을 내렸다.

또 축제에 참여한 사람들을 대상으로 질문에 포함된 우울증상과 같은 내용을 제대로 측정할 수 있을지도 걱정이었다. 지난 일주일 동안의 우울증상 관련 경험을 20개의 질문으로 측정하는데, 축제는 한국 사회에서 1년 중 거의 유일하게 성소수자가 자신의 정체성을 대중 앞에 당당하게 드러내는 날이었고, 그 날의 응답은 지나치게 긍정적으로 나올 가능성이 있었다. 그래서 퀴어퍼레이드에서는 설문을 진행하지 않고, 연구팀이 부스를 차리고 에코백과 핀버튼을 판매하는 일을 하면서 온라인 설문 링크가 담긴 브로슈어를 나눠 주는 방식으로 운영했다. 전화번호를 알려 주신 분들께는 며칠 뒤에 설문조사 링크를 문자로 보내 드리기로 했다.

네 군데의 병원과 서울과 대구에서 열린 퀴어퍼레이드에서 배포한 브로슈어는 모두 달랐다. 기본 디자인은 같았지만, 포함된 온라인 설문 링크 주소를 모두 다르게 했다. 연구팀은 설문조사를 진행할 때 주소가 다른 10개의 온라인 링크를 통해 데이터를 수집했다. 그래서 설문조사가 끝난 지금, 우리는 어떤 응답자가 퀴어퍼레이드에서 나눠 준 링크를 통해 답했는지 특정 병원에서 나눠 준 브로슈어를 보고 설문에 응했는지를 알 수 있었다.

이렇게 번거로운 작업을 했던 일차적인 이유는 통계적 분석 때문이었다. 예를 들어, 같은 병원에 다니는 트랜스젠더는 거주 지역을 포함한 여러 특성을 공유하고 있을 가능성이 있었다. 통계학에서 회귀분석(Regression analysis)을 할 때는 기본적으로 모든 응답자가 독립적인 상황에서 별개의 존재로 응답한다고 가정한다. 그런데 같은 병원에 다니는 이들끼리는 어떤 점에서 서로 비슷할 수 있어 이 가정이 깨질 수 있다. 그 가정이 무너질 경우에는 표준오차(Standard error)를 새롭게 계산하는 다른 통계 기법들을 사용해야 하는데, 그러기 위해서는 누가 같은 병원에 다녔는지에 대해 알고 있어야 한다.

#10 숨어 있던 이야기들이 말을 걸기 시작했다

2017년 7월부터 8월 30일까지 282명의 트랜스젠더가 우리의 연구에 응답해 주었다. 지금까지 한국에서 수집된 트랜스젠더 연구 중에서 가장 많은 이가 참여한 데이터가 나왔다. 의료 이용, 법적 성별정정, 군입대, 직장 생활 관련한 광범위한 질문과 우울증상, 자살 생각

등을 포함한 여러 예민한 질문들에 사람들이 응답해 주었다.

감회가 새로웠다. 2013년 문헌고찰 논문[2]에서 시작했던 연구가 심층 인터뷰를 통한 질적 연구,[3] 해외사례를 검토한 정책 연구[4]를 거쳐, 내 전공인 연구 데이터를 수집해 분석하는 역학 연구[8]를 진행하는 시점까지 온 것이었다.

트랜스젠더 건강 연구를 진행하는 연구팀을 보며 사람들은 왜 연구비 지원도 안 되고 논문 쓰기도 어려운 주제를 잡아서 고생하느냐고 물었다. 물론 그 모든 어려움은 사실이었지만 밖에서 바라보는 것과 달리 연구를 진행하는 과정은 감사한 시간들이었다. 이 길을 걷지 않았다면 존재조차 알지 못했을 질문들이 내게 말을 걸었다.

크라우드펀딩을 시작하고 10일 정도 지났을 때 일이다. 연구실로 전화가 걸려 왔다. 다짜고짜 낯선 목소리가 김승섭 교수님이냐고 물었다. 무슨 상황인지 몰라 망설이는데 수화기 저편에서 조심스런 목소리로 이야기가 흘러나왔다. 본인이 트랜스젠더 당사자인데 인터넷에서 크라우드펀딩을 보고 너무 고마워서 그 마음을 전하고자 연락했다는 것이었다. 이제 막 진단서를 받고 다음 주부터 호르몬 치료를 시작하려 한다면서, 우리가 진행하는 연구가 잘 되었으면 좋겠다는 말을 꼭 전하고 싶다고 했다. 성전환 수술이 건강보험 적용을 받지 못하는 것도, 사람들이 이상하게 바라보는 것도 많이 괴로운데, 어려운 연구를 해 주셔서 감사하다고. 고맙다는 그 말을 몇 번이나 반복했다.

40   성소수자 건강 연구를 시작하고서 이메일을 통해 고맙다는

말을 전하는 분들이 여럿 있었다. 사람들에게 말하지 못했지만 스스로가 성소수자라고 밝히거나 자식이 게이여서 아이가 받을 사회적 차별이 걱정되는데 연구자로 함께해 줘서 고맙다는 내용이었다. 이 메일이 아닌 전화를 통해 감사하다는 이야기를 들은 것은 이번이 처음이었다. 아마도 이제 막 스무 살 정도가 되었을 텐데, 내 연구실 전화번호를 알아내서 전화하기까지 얼마나 망설였을까. 전화를 끊으며 했던 이야기가 잊히지 않는다. "제가 이름을 밝힐 처지가 아니어서 죄송하다"는 말이, 그렇게 말하면서도 어떻게든 전하려고 했던 그 응원이 내게는 연구하는 내내 큰 힘이었다.

또 다른 날도 기억난다. 트랜스젠더를 진료하는 의사분을 만나 물었다. 한국에서는 성전환을 위한 호르몬 치료를 보통 몇 살 때 시작하는지에 대한 질문이었다. 잠시 생각을 하시더니, 대답하셨다. 외국에서는 의료적 트랜지션을 10대 후반이나 20대 초반에 시작하는 경우가 많고, 그들을 어떻게 진료해야 하는지에 대한 가이드라인도 주로 그 나이 때를 기준으로 만들어졌는데, 한국은 20대 후반이 넘어서 시작하게 되는 경우가 많아 외국의 권고사항을 그대로 적용하기 어려운 부분이 있다고 했다. 건강보험을 사용할 수도 없어 온전히 개인의 돈으로 지불해야 하고, 성소수자에게 적대적인 사회 분위기 때문에 망설이다가 의료적 트랜지션을 시작하는 시기가 늦어지는 경우가 많다고 했다.

그러다가 나이 예순이 넘은 MtF 트랜스젠더분께서 얼마 전 찾아오신 이야기를 꺼냈다. 그분은 오래전부터 스스로를 여성이라고 생각하고 있었다. 하지만 젊었을 때는 성전환을 할 수 있는 방법이 있는 줄도 몰랐고, 결혼 후에는 아이를 키우느라 바빠서 엄두도 못 냈다. 이제 아이들도 모두 결혼을 했고 아내와도 이혼을 했으니, 남은 시간이라도 여성으로 살아야겠다고 병원에 찾아오신 것이었다. 의학적으로는 예순이 넘으면 여성도 완경(完經)을 하게 되고 남성도 남성 호르몬의 분비가 급격히 감소하기 때문에 이제 와서 호르몬 치료를 하는 것이 신체적으로 큰 의미를 가지기 어렵다. 그래서 성전환을 위한 호르몬 치료 효과가 크지 않고 오히려 다양한 합병증이 증가할 수 있다고 간곡하게 말씀을 드렸는데, 소용이 없었다. 본인의 인생사를 털어놓으면서 이제 하루를 살아도 여성으로 살아야겠다고 구구절절이 말씀하셨다고 한다. 의사는 의학적 근거를 기준으로 치료를 권하지만, 실제 환자를 치료하는 과정은 그 근거만이 기준으로 작용하지는 않는다. 환자도 사회적 관계 속에서 살아가는 사람이고, 자신의 고유한 역사 위에 살아가는 존재이므로 결국 치료를 시작했다고 했다. 나는 이름도 얼굴도 알지 못하는 그분의 삶에 대해 자주 생각했다. 그분에게 지난 60년이 넘는 시간은 어떤 의미로 남아 있을까.

연구를 하며 트랜스젠더 친구들이 생겼다. 특히 에디 님은 여러 면에서 감사하다. 연구를 기획하던 시절부터 데이터를 모으는 과정까지 에디 님의 도움이 컸다. 트랜스젠더가 아니면 답해 줄 수 없지만 혹시라도 무례하게 들릴까 봐 마음에만 담고 있었던 여러 질문들을 에디 님에게는 마음 편히 물어볼 수 있었다. 트랜스젠더가 편안하게 사용할 수 있는 화장실이 만들어지려면 어떻게 해야 하는지부터, 모든 비용을 개인이 부담해야 하는 한국의 의료적 트랜지션 과정이 당사자에게 얼마나 큰 스트레스인지에 대해서도 이야기를 들었다. 특히 2017년 대구 퀴어퍼레이드에서는 '트랜스젠더 건강 연구'라는 이름으로 부스를 차리고 설문조사를 홍보했는데, 에디 님이 큰 역할을 해 줬다. 형형색색의 화려한 옷을 입은 낯선 이들이 지나갈 때 쭈뼛거리며 말 걸기를 망설이는 나와 달리, 에디 님은 웃으며 장난을 치며 사람들에게 말을 걸었다. 그 모습이 예쁘고 멋졌다.

공익인권변호사모임 희망을만드는법의 박한희 변호사도 고마운 존재다. 박 변호사가 트랜스젠더로서 살아온 시간을 《한겨레 21》 인터뷰에서 온전히 드러내고 자신을 둘러싼 편견들에 맞서는 것을 보며, 연구자로서 용기를 가지고 내가 하는 연구의 가치를 확신할 수 있었다. 특히 법적 성별정정을 포함한 여러 설문을 구성하는 과정에서 변호사이자 당사자인 박 변호사의 조언은 큰 도움이 되었다.

그들을 만나며, 내게는 아무런 문제가 되지 않는 것들이 이들에게는 얼마나 높은 장벽인지를 알게 되기도 했다. 함께 맥주를 마시는 동안 건너편 테이블에서 이쪽을 힐끔거리며 함부로 말하는 사람들로부터 느끼는 불쾌감과 현역으로 군대를 마친 후 성전환을 한 그들이 예비군 훈련시기마다 겪는 괴로움을, 나는 이전에는 상상하지 못했다.

#11 그러니 당신도 포기하지 말아 달라고

트랜스젠더 282명이 응답한 설문조사 데이터를 분석한 첫 논문이 2018년 2월 한국역학회지에 게재 확정되었다. 제목은 '한국 트랜스젠더의 의료적 트랜지션 관련 경험과 장벽: 정신과 진단, 호르몬 조치, 성전환 수술을 중심으로'[8]였다. 의료적 트랜지션은 많은 트랜스젠더에게 자기 삶을 살기 위한 필수 조건이 된다. 수많은 학술 논문에서 의료적 트랜지션이 성별위화감을 낮추는 데 의학적으로 효과가 있다고 말하고 있다.

그러나 한국 사회는 트랜스젠더의 의료적 트랜지션에 대해 함부로 말한다. 트랜스젠더의 성별정체성을 두고 취향에 따라 선택할 수 있는 '성적 기호'라는 잘못된 단어로 표현하거나, 자신의 성별정체성에 따른 의료적 조치를 '미용성형'이라는 말로 깎아내리기도 한다. 한국의 의과대학 교육 과정과 레지던트 수련 과정에는 트랜스젠더 환자 진료에 대한 내용이 없다. 많은 트랜스젠더가 실력이 좋은 의사에게 수술받기 위해 태국으로 떠났다. 하지만 태국에서 수술받고 한국에 돌아온 뒤 후유증이나 합병증이 생기면 대책이 마땅치 않았다.

무엇보다 모든 의료적 트랜지션은 건강보험 비급여 항목이기 때문에 그 비용을 트랜스젠더 개인이 감당해야 한다. 성소수자에 대한 사회적 혐오가 심각한 한국 사회에서 자녀의 성전환을 적극적으로 지지하고 지원해 주는 부모는 드물다. 부모의 도움을 받기 어려운 상황에서, 의료적 트랜지션에 드는 비용은 자신이 원하는 성별로 살기 위해 성전환을 결심하는 20대 트랜스젠더가 감당하기에는 거대한 부담이다. 정신과 진단에 필요한 비용은 아르바이트를 해서 겨우 마련한다고 해도, 호르몬 치료와 성전환 수술 비용은 몇 년을 일하더라도 마련하기 어렵다. 그 비용을 구하기 위해 일하다 20대가 훌쩍 지나간다.

외국의 예를 보면, 트랜스젠더의 의료적 트랜지션에 필요한 비용을 국가 의료보험 체계에서 보장하는 사례가 점점 늘어나고 있다. 아르헨티나에서는 2012년 제정된 성별정체성법(Ley de Identidad de Genero)에 따라 트랜스젠더는 본인부담금 없이 필요한 모든 호르몬 치료와 외과적 수술을 받을 수 있다. 미국도 2012년 이후 12개 주에서 메디케이드(Medicaid) 규칙을 개정해 성전환 관련 의료서비스를 포함하도록 했다. 캐나다는 공공보험에서 의료적 트랜지션을 위한 의료서비스와 수술을 제공하고, 주마다 차이는 있지만 가슴성형이나 제모까지 적용 범위를 넓혀 가고 있다.

연구 결과, 정신과 진단과 호르몬 치료, 성전환 수술을 포함한 모든 항목에서 트랜스젠더가 필요한 의료적 조치를 받지 못하게 가로막는 가장 큰 장벽은 비용이었다. 한국에서 트랜스젠더가 의료적 트랜지션 과정에서 경제적 부담을 느끼지 않게 된다면, 그래서 원하는 삶이 지연되는 걸 막을 수 있다면, 그들의 일상은 어떻게 바뀔까? 분명 큰 변화가 있을 것이다.

하지만 한국에서 트랜스젠더로 산다는 것은 여전히 힘겨운

45

일이 될 것이다. 비용 문제가 해결되어도 누군가는 성전환 수술을 하면 직장을 그만둬야 하니까 생계를 위해 수술을 미루고, 또 누군가는 지나치게 엄격한 법적 성별정정 요건을 맞추기 위해 당장 원하지 않는 수술을 서두르게 될 것이다. 트랜스젠더인 내 친구들은 여전히 "너는 남자냐, 여자냐?"라고 묻는 수많은 시선의 폭력에 노출되고, 병원과 은행과 학교에서 힘겨운 순간을 마주할 것이다. 한국 사회의 다수인 이들에겐 보이지 않아 상상하기 어려운 장벽이 사회 곳곳에 그리고 그들의 일상에 여전히 남아 있을 것이다.

한국 트랜스젠더 건강 연구에 참여한 트랜스젠더 중 40%가 넘는 이들이 "자살을 시도한 적 있다"고 답했다. 자살을 생각하거나 계획한 것이 아니라 실제로 시도한 사람의 수치라는 측면에서 더욱 놀라웠다. 경제협력개발기구(OECD) 회원국 중 자살률이 가장 높은 한국에서 나는 사회적 소수자 연구를 해 왔고 수많은 관련 논문을 읽었다. 그러나 이런 수치를 본 적은 없었다. 그렇게 견뎌 나가는 삶은 어떤 것일까.

의료적 트랜지션을 건강보험 보장 항목에 포함시키는 결정은, 드러내 말하기 어려운 자신만의 역사를 감당하며 공동체의 일원으로 살기 위해 안간힘을 써 온 그들에게 한국 사회가 보내는 작은 전언이 될 것이다. 당신 앞에 놓인 수많은 장벽에 무지했던 우리의 과거를 반성하겠다고. 늦었지만 이 문제 하나만이라도 우리가 함께 감당하겠다고. 그러니 당신도 포기하지 말아 달라고.

#12 나는 그 질문에 답하고 싶다

얼마 전 성소수자 부모모임 분들을 상대로 강연할 기회가 있었다. 나는 그토록 절실한 눈빛으로 강의를 듣는 청중을 본 적이 없었다. 부모인 이분들이 성소수자 자식들보다 더 많이 아프지 않을까 하는 생각이 들었다. 나도 아이를 키우는 부모인지라 잘 안다. 내 자식 몸에 작은 생채기가 나면, 그보다 몇 배 큰 상처가 가슴에 새겨진다.

강연이 끝나고 나를 찾아온 한 부모님이 내 손을 붙잡고 물으셨다. "교수님, 교수님은 연구를 많이 하시니까 아실 것 같아요. 트랜스젠더인 내 아이가 이토록 불안하고 힘든 게 트랜스젠더로 태어나서 어쩔 수 없는 건가요, 아니면 이 사회가 내 아이를 받아 주지 않아서 그런 건가요? 저는 그걸 꼭 알아야겠어요."

나는 그 질문에 한동안 답을 하지 못했다. 무엇이 올바른 답인지를 궁리하기 전에 그 질문이 가슴을 먹먹하게 했다. 당연히 사회적 차별과 혐오가 트랜스젠더를 아프게 하고 있다. 그런데 사회적 차별이 그들을 얼마만큼 고통받게 하는지 설명하는 것은 통계적으로 밝혀내기 어려운, 복잡한 질문이기도 하다.

하지만 나는 이 질문에 답하는 정확한 방법을 알고 있다. 가습기 살균제 노출이 영유아 사망의 원인이었다는 점을 보여 주는 가장 명확한 증거는 그 상품의 판매가 중단되고 나서 같은 질환으로 인한 사망이 사라졌다는 것이다. 한국에서 트랜스젠더에 대한 비과학적 혐오와 차별이 사라진다면 우리는 한국 사회가 트랜스젠더의 삶을 얼마나 고통스럽게 만들었는지에 대해 알 수 있을 것이다.

나는 그 질문에 답하고 싶다.

"수술 없이 성별을
바꿀 수 있었다면…"

모든 트랜스젠더가 성전환 수술을 원하는 것은 아니다. 그러나 트랜스젠더가 성전환 수술을 원하는 경우에도 수술을 결정하는 일은 쉽지 않다. 한국처럼 성소수자 혐오가 심각한 사회에서 트랜스젠더는 성전환 수술을 받기 위해 용기를 내야 한다. 무엇보다도 주변인들의 영향이 중요했다. 누구를 만나고 누구와 함께 지내느냐에 따라 성전환 수술을 진행하는 시기가 달라졌다.

"솔직히 군대 갔다 와서도 트랜스젠더로 살아갈 엄두가 안 났어요. 걱정도 되고, 미래가 너무 불투명하니까. 근데 인생이 한 번뿐이라는 생각이 들었어요. 나이 드신 트랜스젠더분들을 보면, 어릴 때 좀 더 용기를 내서 트랜지션을 하지 못한 것에 대해서 진짜 한으로 생각하시는 거예요. 그런 걸 들으면서 좀 더 나 자신에게 집중했던 것 같아요." (20대 트랜스여성 A)

"주변에서 어떤 분이 '너 그러면 수술 준비를 해 봐. 호르몬을 해 봐'라고 말씀하시는데, 무섭고 현실적으로 다가오지 않았어요. 내가 이걸 할 수 있을 거라는 걸. 그리고 이걸 내 주변 사람들이 받아 줄 거라는 생각을 못했어요. 왜냐면 제가 FtM에 대해서 정보를 들은 거는 항상 뭔가

동정받는, 뭔가 힘들게 살고 경제적으로 궁핍하고, 학력도 막, 취직도
제대로 못하고 그런 거라서. 뭔가 저도 그렇게 될까 봐. 그리고 그걸 뚫어
나갈 자신도 없었어요. (중략) (유튜브를 통해 만난) 친구랑 카페에서
얘기를 하는데, 걔는 5월부터 (호르몬 처방) 시작을 했거든요. 걔가 하는
모습을 보면서, 그 친구가 진짜 약간 촉매제 역할을 했던 거 같아요. 그
친구가 하는 걸 보면서, 걔도 저랑 가정 환경이 비슷했어요. 그니까 약간
유복한 편이고, 그렇게 막 뭔가 힘들진 않고 우리는 그 10년 전에 그 OOO
씨 이런 사람들보다는 좀 더 밝은 어떤 FtM 삶을 그릴 수 있을 거다,
우리는. 그러면서 이제 서로 많이 힘을 얻고 그랬던 거 같아요."
(20대 트랜스남성 M)

한국 사회에서 트랜스젠더의 성전환 수술은 때때로 국가 기관에
의해서 강요된 형태로 시행되었다. 병역을 면제받거나 법적 성별을
정정하는 과정에서 성전환 수술은 필수적인 요건으로 요구되었고,
이 땅에서 계속 살아가고자 하는 트랜스젠더는 시급하게 결정을
내려야만 했다.

"처음에 제가 적출 수술 먼저 했다고 했잖아요. 그걸 왜 한 거냐 하면
군대가 한 10년 전쯤에는 호르몬만 해도 면제를 시켜 줬고, 한 몇 년
전에는 가슴 수술하고 어느 정도 외모가 여자 같으면 군의관 재량에
따라서 면제를 해 줬어요. 근데 한 연예인이 발치해서 면제받은 그 사건이
터진 이후로 되게 더 엄격해졌어요. 그래서 군의관이 맘대로 그걸 못해
줘요. 그래서 이제 가슴 수술을 해도 공익으로 보내고, 만약에 면제를
받으려면 뭐 적출 이거밖에 없어요, 제가 알기로는." (20대 트랜스여성 F)

"저는 고환적출을 하고 군대를 면제받은 케이스예요. 훈련소에 갔다가 재검하고 다음 날인가 다다음 날 다시 군병원으로 옮겨서 거기서 '너는 다시 치료를 받고 와라', '다시 들어오면 영창 보내겠다' 막 이런 식으로 협박을 받았어요. 그리고 그 이후에 면제를 받았구요." (20대 트랜스여성 G)

"한국에서는 성별정정을 하려면 이게(자궁적출 수술) 필요해서 대부분 사람들이 수술을 해요." (20대 트랜스남성 N)

"저도 사실 법적 성별정정 때문에 수술을 한 거라서. 수술 없이도 가능했다면 저도 수술을 안 하고 정정하고 살았을 거라고 생각해요. 왜냐면 어차피 생식기를 뭐 보여 주고 다니는 것도 아니고, 옷으로 가리고 다니는 거고." (20대 젠더퀴어 K)

"저도 사실 성전환 수술을 받기 이전에는 여자로 사는 데 큰 불만이 없었어요. 수술하지 않은 상태에서 호적을 바꿔 줬으면 성전환 수술을 못하지 않았을까 그런 생각이 들기도 해요. 왜냐면 호적을 바꾸려고 돈 쓰는 것보다 다른 곳에 돈 쓰고 싶기도 하고, 또 수술에 대한 기대도 별로 없었기 때문에. 이제 와서 보면 잘한 선택이었다고 생각을 하지만, 어쨌든 당시에는 얼마나 많이 바뀔지 별로 기대하지도 않았어요."
(20대 트랜스여성 C)

"내 청춘이 아깝지 않아요?"

2

~~~~~~~~~~~~~~~~~~~~~~

성별 이분법의 세계는
왜 균열되어야 하는가

: 트랜스젠더 존재의 당위를 말하다

교실에도 트랜스젠더는 존재한다

"한국에 청소년 트랜스젠더가 있어요?" 2013년, 청소년 트랜스젠더 생애사 연구를 할 때 사람들에게 가장 많이 들은 이야기였다. 많은 사람들이 트랜스젠더는 '성전환 수술을 한 사람'이라고 알고 있기 때문이다. 그래서 '청소년 트랜스젠더'라는 말을 낯설게 느끼고, '청소년기에도 성전환 수술을 하나?'라고 생각한다. 하지만 누구도 어느 날 갑자기 '트랜스젠더'로서의 삶을 시작하지 않는다. 한 개인이 성전환 수술과 같은 의료적 조치를 선택하고, 자신이 태어날 때 지정된 성별과 다른 성별로 사회적 삶을 살게 되기까지는 긴 고민과 협상의 시간이 필요하다. 대다수 트랜스젠더는 아동기나 청소년기

이 글은 2013년 서울대학교 인권센터의 제1회 인권연구 프로젝트로 선정되어, 서울대학교 인권센터의 지원을 받아 진행한 연구보고서 <제 청춘이 아깝지 않아요? - 성별규범과 젠더표현의 불일치가 청소년기의 경험과 미래인식에 미치는 영향: 10~20대 트랜스젠더 생애사 연구>의 내용을 수정, 보완했다. 당시 서울대학교 사회복지학과에서 석사 과정 중이던 레인보우 커넥션 프로젝트의 이호림을 포함해 성소수자 인권 이슈에 관심이 있는 6명의 학부생 및 대학원생(고아서, 김민수, 김수환, 이호림, 임민희, 최고야)들이 함께 Team DAY(Diversity Among Youth)라는 이름의 팀을 꾸려 진행했다.

에 자신의 성별정체성을 깨닫고 형성하며 성장한다. 또한 자신의 성별정체성으로 인해 가족이나 또래 관계에서 갈등과 불화, 때론 폭력을 경험하며, 의료적 트랜지션과 법적 성별정정을 비롯해 미래 삶에 대한 고민을 안고 살아가고 있다.

청소년 트랜스젠더 생애사 연구는 현재 한국에서 청소년기 또는 성인 초기를 보내고 있는 트랜스젠더의 경험을 이해하고, 이를 기반으로 청소년 성소수자의 인권을 향상시키며, 특히 성별화된 학교 공간의 변화를 위한 대안을 이끌어 내고자 했다.

연구 참여자는 한국에서 중등 교육을 받았거나 받고 있는 10대 후반에서 20대 후반까지의 청소년 트랜스젠더로, 이들은 학교에서 성별 규범과 자신의 성별정체성 및 성별 표현의 의미를 포함한 자신의 경험을 들려주었다. 연구에는 되도록 다양한 성별과 성별정체성, 지역, 중등 교육 환경(남고, 여고, 남녀공학) 등을 가진 청소년들이 참여하도록 했다.

인터뷰는 2013년 7월 9일에서 2013년 8월 27일 사이에 진행했으며, 회당 1시간 30분에서 2시간 정도로 한 연구 참여자당 2회씩, 참여자의 집이나 카페, 인권단체 사무실 등에서 진행했다. 인터뷰에는 연구팀원 중 2명이 참여했다. 인터뷰 진행은 연구자가 개방형 질문을 던지고, 이에 대해 참여자가 자신의 생애 이야기를 이끌어 가는 방식으로 생애서사 인터뷰 기법을 활용했다. 첫 번째 인터뷰에서는 "트랜스젠더인 것으로 아는데, 지금까지 살아온 이야기를 학교에서의 경험을 중심으로 편하게 말해 주세요. 궁금한 것이 있으면 나중에 질문하겠습니다"라는 개방형 질문을 던진 후, 참여자의 진술 내용에 대한 추가적인 질문을 몇 가지 한 후 인터뷰를 종료했다. 두 번째 인터뷰는 첫 번째 인터뷰의 녹취를 풀어 문서로 만들고 연구팀 원들이 함께 읽은 후 추가적인 질문사항을 정리해 연구 참여자에게 질문하는 방식으로 진행했다.

연구 참여자는 모두 9명이었으며 해당 연구 참여자의 인구학적 정보는 <표 1>과 같다.

다르지만 별생각 없던 어린 시절

성별정체성에 대한 연구 참여자들의 기억은 어릴 적 경험까지 거슬러 올라갔다. 대부분의 연구 참여자들은 자신의 성별에서 기대되지 않는 행동을 했다고 다른 사람들이 '말해 주거나' 성별 규범에서 벗어난 옷이나 장난감을 좋아했던 어린 시절의 기억을 가지고 있었다.

막연히 자신이 다른 사람들과 다르다고 느끼기는 했지만, 대다수에게 어린 시절은 크게 특별하지 않았다. 이는 청소년기와 성인기에 성별정체성과 성별정정이 삶의 주된 고민이 되는 것과 매우 대조된다. 연구 참여자들은 당연하고 일상적인 어린 시절을 보냈다고 진술했는데, 이는 2차 성징이 나타나기 전이라 성별 구분이 뚜렷하지 않아서 혹은 사회가 인식하는 성별과 달리 자신은 스스로 성별정체성을 자연스럽게 인식하고 있었기 때문이었다. 예를 들어, 트랜스남성 H는 "어른들이 여자애라고 하니까 여자애인 줄 알았지, 자신

표 1 | 한국 청소년 트랜스젠더 생애사 연구(2013년, N=9)

참여자	성별정체성	출생연도	중등 교육 환경 및 최종 학력	직업	의료적 트랜지션 관련 현황 및 계획
A	트랜스여성	1988	남녀공학 중학교 남자 고등학교 대학교 재학 중	대학생	호르몬 투여 중 성전환 수술 계획
B	트랜스여성	1990	남자 중학교 남자 고등학교 대학교 재학 중	대학생	호르몬 투여 중 성전환 수술 계획
C	무성 (출생 시 법적 성별: 여성)	1995	남녀공학 중학교 여자 고등학교 고등학교 중퇴	사무보조 알바	정체화하지 않음
D	트랜스남성	1996	남녀공학 중학교 남녀공학 고등학교 고등학교 재학 중	고등학생	성전환 수술 계획
E	트랜스여성	1995	남녀공학 중학교 남자 고등학교 고등학교 재학 중	고등학생	호르몬 투여 중 성전환 수술 계획
F	트랜스여성	1989	남녀공학 중학교 남자 고등학교 대학교 재학 중	대학생	호르몬 투여 중 고환제거 수술 성전환 수술 계획
G	트랜스여성	1991	남녀공학 중학교 남자 고등학교 대학교 휴학 중	성노동자(휴직)	호르몬 투여 중 고환제거 수술 성전환 수술 계획
H	트랜스남성	1996	남녀공학 중학교 남녀공학 고등학교 고등학교 재학 중	고등학생	호르몬 투여 계획
I	트랜스남성	1987	여자 중학교 남녀공학 고등학교	대학교 졸업	보류

은 그러한 성별을 구별하지 않고 생활했다"고 말했다. 트랜스여성 G
는 중학교 이후에는 성별 규범으로 불편함을 경험했지만, 어린 시절
에는 성별에 따른 줄 서기나 화장실을 이용하면서 구분이 크지 않은
환경이었고, 성별에 대한 두드러진 인식 없이 친구들과 어울려 놀았
기 때문에 별문제가 없었다고 이야기했다.

그냥 어릴 때부터 제가 남자라는 생각은 없었고, 그냥 여자가 좋아하는 것
들 그냥 좋아하면서 살았어요. 저한테 여동생이 있는데, 여동생이랑 저를 비
교해도 내가 특별히 남자 같다든가 그런 것도 없고, 할머니랑 비교해도 그런
건 없고, 엄마랑 비교해도 그런 건 없고, 사촌들이랑 비교해도 딱히 차이가
안 나는 거예요, 별로. 그냥 취향 차이가 날 수 있었지만. (중략) 어릴 때는 별
로 불편한 건 딱히 없었던 것 같아요. 그냥 어릴 때는 남자, 여자 차이가 솔직
히 많이 없으니까, 유치원 때 줄을 다르게 선다든가 화장실을 다르게 간다든
가. 그런 거는 별문제가 없잖아요, 그때는. 왜냐면 다 비슷하게 생겼고.(웃음)
그때는 같이 놀 때도 어울려서 놀고 그랬기 때문에. 그다지 상관이 없었는데,
막상 불편했던 건 중학생 때부터였던 것 같아요. 트랜스여성 G

어릴 때는 되게 생각 없이 살았어요. 그러니까 성별에 관한 것도 그냥 주변
에서 사람들이 제가 좀 이렇게 막 뛰어다니고 날아다니고 하니까 넌 여자애
가 왜 이러냐 하는데, 어른들이 저 보고 여자애라고 하니까 저도 여자애인
줄 알았지. (중략) 사람들이 구별하지, 제가 구별하진 않았거든요. 트랜스남성 H

2차 성징, 참을 수 없는 불화

연구 참여자들은 청소년기에 나타나는 2차 성징으로 몸의 변화가 시작되면서 혹은 '트랜스젠더'라는 존재나 개념에 대해 알게 되면서 어린 시절 막연하게 갖고 있던 다름에 대한 인식이 깊어지고 자기인식과 충돌하며, 불안과 불편을 느꼈다고 진술했다. 어린 시절 "자고 일어나면" 여자가 되어 있을 것이라고 막연히 생각해 왔던 트랜스여성 F는 트랜스젠더 연예인 하리수 씨의 데뷔를 보면서, "나 같은 사람"이 실제 존재하며 이것이 현실임을 인식하게 되었다고 진술했다.

자고 일어나면 그냥 막연하게 여자가 되어 있겠지, 그런 생각, 그게 굉장히 어릴 때부터 있었거든요. (중략) 제가 초등학교 5학년 때 하리수가 처음 나온 거죠. 그때 엄청 충격을 많이 받았어요. 그리고 현실을 딱 보게 된 거죠. 그 전에는 막연하게 이번 열두 번째 생일에는 내가 몸이 제대로 돌아갈 거야, 하느님이 와서 미안하다고 할 거야, 이런 생각을 하다가, 저 같은 사람이 실제로 있는 거구나, 이게 현실이 맞구나, 그런 생각을 한 거죠. 트랜스여성 F

연구 참여자들은 2차 성징으로 몸이 현격하게 변화하는 양상을 확인하며 좌절했고, 일어날 것을 알고 있었지만 원치 않았던 변화를 직면했다. 이 시점에서 많은 연구 참여자들은 "늦었다"는 감정을 느꼈다고 이야기했다. 이 감정은 몸이 너무 커져 버렸다든가 아니면 반대로 키가 더 크지 않겠다는 식의 깨달음이다. 2차 성징으로 인한 몸의 변화에 불화감을 느끼면서 2차 성징을 역행하려 시도한 연구 참여자도 있었다.

그때는 초등학교, 중학교 때부터 이미 늦었어, 큰일 났어, 어떡해……, 막 그런 느낌이었어요. 더 이상 할 수 있는 것도 없고요……. 이왕 시작할 거면 진작에 시작했어야지 그런 느낌이어서. 그렇기 때문에 별수 없는 거겠지 그런 생각도 하고요. 트랜스여성 A

처음 생리가 왔을 땐 어땠어요? 아, 키는 망했구나 했죠. 트랜스남성 D

(사촌동생들이) 요만했는데 갑자기 이만해진 거예요. 좌절감도 들고, 열등감도 들고, 지나가는 어린 남자애만 봐도 쟤는 저렇게 멀쩡하게 태어났는데. 아, 왜, 애기한테도 열등감이 드는지요. 트랜스남성 H

초등학교 5학년 때쯤에 뭔가 이상한 거예요. 예를 들면, 그때까지는 특별히 몰랐어요. (중략) 변성기가 온다든가, 상체가 벌어진다든가, 당연한 줄 알았는데, 당해 보니까 이상했어요. 그런 거 알죠? 그래서 그때부터 이게 아니구나 하면서 일부러 벨트로 어깨를 조르기도 했고, 호르몬 보조제도 사 먹은 거 같아요. 트랜스여성 E

성별정체성에 대한 인식과 불편은 매우 이른 시기부터 인지하지만 트랜스젠더 혹은 성별정체성 개념 자체에 대해서는 그렇지 않다. 연구 참여자들은 '트랜스젠더'의 개념과 정보 부족 때문에 정체화하는 데 어려움을 겪었고, 성별정체성을 탐색하는 과정도 막막했다고 토로했다. 청소년기의 연구 참여자들은 자신에게 '딱 들어맞는' 설명이 없어 혼란과 불안을 겪어야 했다. 교육 과정 내용에서도 성교육에서 제공되는 다양한 성적지향이나 성별정체성에 관한 정보는 충분하지 않거나 아예 없었다.

트랜스젠더 관련 정보가 없었던 거예요. 지금 어린 친구들은 조금 더 잘 알겠지만, 제가 중학교 1학년 때 처음으로 여자애를 좋아할 때만 해도 트랜스젠더라는 개념도 몰랐어요. 트랜스남성 I

어려서부터 들을 수 있는 게 사실 동성애자라는 말밖에 없었단 말예요. 거의. 트랜스젠더는 그 당시에 거의 하리수의 동의어였죠. 전 남자가 한 99% 좋으니, 그럼 전 남자만 좋아하나 보다 생각했어요. 트랜스여성 B

연구 참여자들에게 청소년기에 찾아온 2차 성징은 다른 이들과 내가 다르다는 것을 깨닫게 된 계기가 아니었다. 오히려 이미 본인이 깨달았던, 내가 남들과 다른 점을 현저하게 느끼게 되는 계기였다. 이들은 이미 어딘가 '달랐지만', 몸의 2차 성징으로 인해 더욱 '달라졌고', 따라서 이 차이를 더 이상 외면하지 못한 채 현실로 소환되었다. '나는 누구'라는 말을 찾기 위해 정체성을 탐색하는 과정도 성소수자에 대한 정보가 없어서 쉽지 않았다. 이처럼 자신의 성별을 둘

러싼 경합과 불협화음을 조율하고, '무엇이 아닌' 나를 넘어 '나는 누구다'라는 감정을 형성하고 스스로 명명하는 행위는, 연구 참여자들이 트랜스젠더로 자신을 정체화해 가는 과정이었다고 말할 수 있다.

트랜스젠더로 학교에서 살아남기

한국의 학교는 초등학교 입학식에서부터 학생을 남성과 여성으로 구분해 줄을 세우고, 따로 번호를 매긴다. 중·고등학교에 진학하면 남학교와 여학교, 성별에 따른 교복 등의 구분과 규율이 더욱 강해진다. 성별을 기준 삼아 학생들을 구분하고, '여자다운', '남자다운' 몸과 태도를 가르치는 학교에서 학생들은 한국 사회의 이분법적 성역할과 성별 규범을 '자연스럽게' 배우게 된다.

이러한 학교 환경은 특히 성별 규범에 맞지 않는 정체성을 가진 청소년 트랜스젠더에게 적대적인 공간일 수 있다. 학교의 물리적 공간과 제도는 남성과 여성만 존재할 것이라는 가정 위에 만들어졌고, 연구에 참여한 이들은 학교에서 생활하는 것 자체에 큰 스트레스를 받거나 적응에 어려움을 겪고 있었다. 작게는 남녀를 따로 줄 세우는 관행부터 성별에 따른 다른 교복 착용과 화장실 사용, 수련회나 수학여행에서의 숙박까지. 누군가에게는 당연하고 '자연스러운' 일상이지만, 이런 일상은 청소년 트랜스젠더에게는 끊임없이 태어날 때 지정된 성별과 다른 자신의 정체성을 떠올리게 하는 스트레스 요인이 될 수 있다.

초등학교 6학년 때 통지서가 왔어요. 여중을 다녀야 한다고요. 너무 속이 상하는 거예요. 직면하지 않으려던 현실이 눈앞에 통지서로 나타났으니까. 교복을 사러 갔어요. 치마랑 이것저것 보는데 부모님은 이쁘다고, 드디어 중학생 되었다고 그러셨죠. 전 그날 밤에 혼자 울었죠. 치마를 입어야 하니까요. (중략) 전 그때도 머리 길이가 짧았기 때문에 어깨 위랑 아래의 내 모습이 따로 노는 거예요. 트랜스남성 I

주로 방과 후까지 화장실 가는 걸 다 참고 학교에서 나간 다음에 해결을 한다거나, 아니면 수업시간이라든지 아니면 체육시간 같을 때에 자유시간을 준다 그러거나 하면 그때 화장실을 이용했어요. (다른 학생들이) 화장실 안 가니까. 그런 식으로 다들 안 들어가는 시간에 해결하고 그랬던 기억이 나요. 트랜스여성 A

수학여행 진짜 힘들었어요, 저. 얘네랑 몇 박 며칠 이렇게 붙어 있는 게, 그런 게 되게 힘들죠. 합숙, 씻는 것도 힘들고요. 저는 항상, 제가 누군지 모를 때도, 마지막에 혼자 씻었어요. (중략) 내 몸을 쟤들한테 보이는 거 자체가 되게 수치스러워서. 굳이 말하면 그냥 수학여행이고 뭐고 안 갔으면 좋겠다. 그냥 알아서 쉬라 그러지……. 트랜스여성 B

　　1999년에 시행된 남녀공학 확대 정책에도 불구하고 전체 학교 중 남녀공학은 절반에 불과하다. 한국 중등 교육 환경 내 성별분리 교육은 학생들의 성역할을 더욱 공고히 한다. 이러한 성별분리 교육 환경에 대한 연구 참여자들의 인식과 경험은 개인에 따라 차이가 있었다. 학교 내에서 성별 구분을 인식하고 갈등하지 않아도 되어 남녀공학이 아닌 환경이 오히려 나았다고 진술한 참여자도 있었으며 (트랜스여성 A), 반대로 남학교의 마초적이고 폭력적 분위기로 갈등했다고 진술한 참여자도 있었다(트랜스여성 B). 성별정정 이후의 삶을 고려해 남녀공학을 적극적으로 선택한 참여자도 있었고(트랜스남성 H), 성별정체성에 대한 부정과 갈등 속에서 오히려 진짜 여자가 되기 위해 여고를 가고 싶었다고 진술한 참여자도 존재했다(트랜스남성 I).

화장실 때문에도 스트레스를 많이 받았는데. 왠지 공용화장실 같은 느낌이니까 오히려 고등학교 때는 화장실 문제가 덜했죠. **분리 자체가 없으니까요?** 네! 네! 트랜스여성 A

가장 힘들었던 건 체육이었어요. 남중, 남고의 그, 흔히 군대식이라고 하는 그런 게 너무 강하니까. 트랜스여성 B

제가 고등학교를 그 호적정정 그것 때문에, 제가 공부는 잘 안 할 거니까 인문계를 빼고 실업계 쪽에서 남녀공학을 찾는데, OO에 제가 갈 만한 남녀공학이 딱 하나 있는 거예요. 그게 OOO에 있는데, 예, 저 그것 때문에 OOO까지 다녀요. **멀지 않아요?** 멀긴 한데, 그게 버스, 셔틀 타고 1시간 정도 걸려요. 트랜스남성 H

중학교를 졸업하고 고등학교는 여고를 가기를 희망했어요. 왜냐하면 여중 다녔을 때는 절망했잖아요. 여고를 가고 싶었던 것은 그렇게 해서라도 제가 바뀌고 싶었던 거예요. 여고에 가면 진짜 여자로 살 수 있지 않을까 생각했죠. 트랜스남성 I

'드러나지 않아도' 경험하는 폭력

연구 참여자들 중 자신의 성별정체성을 드러내고 중·고등학교 생활을 한 경우는 없었다. 그러나 또래 집단 내에서 괴롭힘이나 따돌림, 언어적·신체적 폭력을 경험한 경우가 적지 않았다. 대부분의 연구 참여자들이 학교에서 자신의 성별정체성을 숨기고 생활하고 있었지만, 사회가 생각하는 '남자다움'과 '여자다움'에서 벗어나는 성격이나 말투, 태도는 또래 관계에서 괴롭힘과 따돌림의 쉬운 표적이 되는 경우가 많았다(트랜스여성 B). 직접 괴롭힘이나 따돌림을 당하지 않더라도, 성적지향이 알려져 따돌림을 당하는 경우를 목격하거나 또래 집단 내에서 '게이 같다', '트랜스젠더 같다'는 말을 욕설로 사용하는 것을 듣는 경험은 빈번하게 나타났다(트랜스남성 H).

제가 다니던 학교에서는 남성답지 못한 남자애는 그냥 죄악. 그냥 없어야 되는 거라서. 고등학교 때는 괴롭힘을 진짜 심하게 당했거든요. (중략) 걔네도 그렇게 행동을 해야 학교 과정을 무사히 마칠 수 있는 그런 구조가 있거든요. 저 여자애 같은 애를 갈구면서 내가 정상이라고 애들한테 계속 과시하는

남자애들이 욕할 때 "게이새끼", "야, 이 게이새끼야" 이러는데요. 아무래도
남중 나오고, 여중 나오고 그런 애들 입에서 많이 나와요. 트랜스남성 H

한 6명 정도 여자애들이 있었어요, 우리반에. 걔네들만 나를 계속 괴롭히는
거에요. 다른 애들은 가만히 있고, 친해지지 않으려는 그런 거죠. 그래서 여
자애들 여섯이랑 남자애들 2~3명이서 저를 괴롭히고. 여러 가지로요. 변태
같다는 둥, 그런 말로 괴롭히고 때리기도 하고요. 빗자루 같은 걸로 때리기도
했죠. 트랜스여성 G

　교사가 수업시간에 성소수자에 대해 편견적이고 차별적인
발언을 하는 것을 경험한 경우도 많았다. 이러한 발언이 직접 연구
참여자 개인이나 트랜스젠더를 향하지 않더라도, 연구 참여자들은
자신의 정체성에 대한 부정적 인식을 간접적으로 체험했다.

선생님들 교육이 제대로 안 되어 있어요. 이번에 수업 때도 영어 선생님이
이렇게 말씀하셨어요. 수업이 끝나기 전에 재미있는 얘기를 해 주겠다고요.
애들 다 자고 있는데 이야기를 했어요. 저만 깨어 있었거든요. 그랬는데, 군
대 가서 게이를 봤대요. 그 게이가 머리도 길고, 목소리도 여자고, 네일아트
도 하고……. 근데 막 여자 목소리 내면서 교관한테 "나는 여기 있으면 안 된
다, 빼 달라"고 하면서 울었대요. 그거 보면서 웃기다고 하면서, 욕을 하면서

꺼지라고 했대요, 선생님이. 그걸 자랑스럽게 얘기했어요. 트랜스여성 E

성소수자 학생이 자신의 성적지향이나 성별정체성을 밝히며 상담을 요청한 경우, 이에 욕설로 대응하거나 외부에 알리는 등 교사로서 무책임한 대응을 하는 경우도 있었다. 트랜스여성 E가 상담 교사에게 자신의 성별정체성을 알렸을 때 교사는 욕설로 반응했으며, 트랜스여성 G는 다른 학생이 상담 교사의 아웃팅으로 인해 따돌림 당하는 것을 목격한 적이 있었다.

중학교 때 조용히 지냈던 편인데, 그때도 상담 선생님과 말을 해 본 적이 있었어요. "제가 남자로 태어났지만, 저는 여자예요." 그렇게 얘기했어요. 저는 어떻게 생각하고 있고. 나중에 어떻게 할 거다라고 설명을 드리면서……, 제 입장에서는 설명을 잘 드린 거거든요. 근데, 선생님이 딱 한마디를 했어요. "이 개새끼……." 따졌죠. 제가…… 왜 개새끼냐고요. 그러니까 "니가 상식적으로 생각해 봐라. 내 종교는 그런 걸 허용하지 않는 종교인데, 내가 어떻게 너를 이해해 줄 수 있겠느냐." 이러시더라고요. 트랜스여성 E

고등학교 2학년 때 우리 학교에 게이가 있다는 소문이 돌았어요. 저 말고 다른 학생요. 윤리 선생님한테 상담 교실에서 상담을 했다는데 그게 소문이 쫙 퍼진 거예요. 그러니까 윤리 선생님이 도저히 입을 못 다물고 누구한테 말을 했나 봐요. 그래서 전 그것 때문에 아예 말도 못했죠. 어차피 뭐……, 원래 믿을 만한 사람도 아니었는데……, 굳이 그 사람한테 개가……. **그럼 선생님에**

게 상담할 생각은 아예 안 하시고? 옆 반에서 막 따돌림 하는 게 눈에 보이는데 할 순 없잖아요. 트랜스여성 G

성별정체성이 알려지지 않았음에도 연구 참여자들은 또래 집단 내에서 괴롭힘이나 따돌림을 당하거나, 교사의 혐오 발언에서 자유로울 수 없었다. 이러한 사실은 '사회적으로 인식되는 성별 규범으로부터의 일탈'이 학교라는 공간 안에서 문제시된다는 것을 알려 준다. 또한 성소수자에 대한 사회적 가시성은 높아져도 낙인은 남아 있는 상황에서, 교사들은 성소수자에 대해 학생들과 어떻게 이야기 나눠야 하는지에 대해 전혀 준비되어 있지 않다는 것을 알 수 있다. 오히려 교사가 수업시간에 성소수자에 대한 낙인과 편견에 기반한 발언을 하는 것이 현재 한국의 상황이다.

'나'를 찾아가는 험난한 길

연구 참여자들은 대부분 자신이 원하는 성별로 사회적 삶을 살아가거나, 성별정정을 기대하거나 준비하며 청소년기를 보내고 있었다. 각자 원하는 의료적 조치의 종류나 수준은 달랐지만, 대부분 연구 참여자들이 호르몬 이상의 의료적 조치를 원하고 있었다. 20대 초반의 연구 참여자 중에서는 현재 호르몬을 받고 있거나, 군대 면제를 위해 고환제거 수술을 받은 경우도 있었다.

그러나 호르몬 조치와 성전환 수술에 소요되는 막대한 비용과 시간을 생각하면 미래에 대한 막막함을 느끼는 경우가 많았다. 많은 이들이 트랜스젠더에 대한 낙인으로 가족에게 수술비를 지원 받는 것이 사실상 불가능하다고 생각하고 있었다. 또한 20대 초반에 자기 힘으로 수술비를 모으는 것이 매우 힘들고 고된 일임을 이미 알고 있었다. 트랜스젠더의 의료적 조치에 대한 국가 지원이 전무한 상황에서, 대부분 참여자들은 이 과정을 온전히 혼자 힘으로 헤쳐 나가야 한다고 생각했다. 실제 호르몬 조치를 받고 있다는 사실이 알려져 집에서 쫓겨난 연구 참여자도 있었다.

조금 있으면 성인인데, 성인 되면 좀 병원을 알아봐서 (성전환을 위한) 호르몬 치료도 할 수 있는 가능성이 있잖아요, 여지가요. 솔직히 그걸 어떤 희망 삼아서 살고 있는데. 진짜 지금은 뭔가 바라볼 데가 있으니까 삶의 끈을 놓지 않는데. 진짜 성인이 되어서 호르몬 치료를 시작하고, 돈 쓰고 하다 보면, 제가 이걸 진짜 놔 버릴지 놓지 않을지 솔직히 모르겠어요. 깜깜해요. 지금은 막연한 목표가 있으니까 살고 있는데 그때가 되면 되게 진짜, 가끔 이런 거 생각을 해 보면 막막해요. 적은 돈도 아니고요. 그러니까 호적정정을 제가 혼자서 진행하면 적어도 20대 중반은 지날 텐데, 호적정정에만 매달리기에 제 청춘이 아깝지 않아요? 트랜스남성 H

호르몬 치료를 그때부터 받고 있었어요. 그런데 호르몬 앰플하고 이것저것 모두 부모님께 들킨 거죠. 그리고 막 제가 화장하고 또 가발 쓰고 그러면서 놀러 다닌 사진들을 어떻게 부모님이 보시게 되고……. 그래서 집안이 뒤집 69

어진 거예요. 제가 나갔다 왔는데, 그 사이에 부모님이 집으로 오셔서 제 호르몬 약하고 컴퓨터에 띄워진 사진하고 모두 보신 거예요. 그때 바로 쫓겨났어요. 집에 오자마자요. 트랜스여성 F

돈을 모아 의료적 조치를 받고, 법적 성별을 정정할 때까지 긴 시간을 보낼 자신의 "청춘이 아깝지 않냐"는 한 연구 참여자의 말은 쉽게 잊히지 않는다. 그는 성별정정을 위해 고군분투해야 하는 자신의 가까운 미래를 생각하며 그 "청춘"의 시간을 벌써 안타까워하고 있었다. "제 청춘이 아깝지 않아요?"라는 청소년 트랜스젠더의 질문에 지금 한국 사회는 어떤 답을 가지고 있을까?

한국 사회가 다름을 존중하고 사회적 소수자의 인권을 중요하게 여겼다면 청소년 트랜스젠더들은 이러한 고통과 장벽을 경험하지 않았을 것이다. 이러한 현실을 변화시키기 위해 필요한 것은 이들 삶의 경험과 맥락을 이해하기 위한 사회적 노력이다. 청소년 트랜스젠더의 삶의 이야기가 더 많은 이들에게 닿을 수 있길 바란다.

성별 이분법이 각색하는
트랜스젠더의 생애

#가족 #학교 #직장 #군대 #공중화장실

#투표소 #성별 이분법적 사회

이 글에서는 위 7개의 키워드로 성인 트랜스젠더가 한국 사회에서 경험하는 시간을 정리해 보았다. 이를 위해 연구팀은 만 19세 이상 트랜스젠더 15명을 대상으로 진행한 <한국 트랜스젠더 차별과 건강: 심층 인터뷰 기반 질적 연구(2015)>와 만 19세 이상 트랜스젠더 282명을 대상으로 진행한 <한국 트랜스젠더의 차별과 건강: 설문조사 기반 양적 연구(2017)>를 통해 수집한 데이터를 분류·분석하고 해석을 덧붙였다. 심층 인터뷰에 참여한 트랜스젠더 15명의 인구학적 정보는 <표 2>에 제시했으며, 설문조사에 참여한 트랜스젠더에 대한 설명은 이 책 3장에 자세히 서술했다.

표 2 | 한국 트랜스젠더 차별과 건강: 심층 인터뷰 기반 질적 연구 참여자의 인구사회학적 특성(2015~2016년, N=15)

참여자	연령	성별정체성	의료적 트랜지션			직업	지역
			정신과 진단	호르몬 투여	성전환 수술		
A	20대	트랜스여성	○	○	△	회사원	서울
B	40대	트랜스여성	○	○	△	회사원	충북
C	20대	트랜스여성	○	○	○	학생	서울
D	30대	트랜스여성	○	△	X	구직 중	서울
E	20대	젠더퀴어	○	△	△	학생	경기
F	20대	트랜스여성	○	○	△	회사원	경기
G	20대	트랜스여성	○	○	△	회사원	서울
H	20대	트랜스여성	○	○	○	학생	대구
I	20대	트랜스남성	○	○	X	학생	서울
J	20대	트랜스여성	○	○	X	학생	서울
K	20대	젠더퀴어	○	○	○	무직	서울
L	20대	트랜스남성	○	X	X	무직	경기
M	20대	트랜스남성	○	○	X	학생	부산
N	20대	트랜스남성	○	△	X	학생	경기(유학 중)
O	20대	트랜스남성	○	○	X	학생	경기(유학 중)

의료적 트랜지션 과정 중 호르몬 투여는 정기적인 호르몬 투여를 가리킨다. 여기서는 호르몬 투여를 정기적으로 하다가 일시적으로 중단했거나, 비정기적으로 간헐적으로 진행하는 경우, △로 표시했다. 성전환 수술은 생물학적 성별에 따른 성기를 제거하는 수술과 정체화하는 성별의 성기를 재건하는 수술, 성별정체성에 따른 외형을 갖추기 위한 성형 수술로 나뉜다. 여기서는 성기제거 수술이나 성형 수술을 했지만 본인이 정체화하는 성별의 성기재건술을 받지 않은 경우는 △로 표시했다.

출처: 손인서, 이혜민, 박주영, 김승섭, 〈트랜스젠더의 의료적 트랜지션과 의료서비스 이용: 사회적 낙인과 의료적 주변화〉, 《한국사회학》, 2017. 51(2): p. 155~189.

가족

트랜스젠더가 가족들에게 커밍아웃하는 것은 쉬운 일이 아니다. 가족 역시 한국 사회에 만연한 성소수자 혐오에서 자유롭지 않기 때문이다. 그로 인해, 트랜스젠더는 가장 인정받고 싶었던 가족들로부터 상처를 입기도 한다. 트랜스남성 N은 부모에게 커밍아웃했을 때 가장 큰 상처를 받았다. 자신의 존재가 지워지는 것이 두려워 또다시 도전했지만 부모로부터 "온갖 소리를 다 들었"다.

부모님한테 커밍아웃했을 때가 가장 상처가 컸던 것 같아요. 미국에서 화상채팅으로 말했는데 다 울고 막 난리가 났죠. 그리고 한 달 정도 지나서 제가 다시 또 이야기를 꺼내지 않으면 부모님이 그냥 없던 일 취급할 거 같다는 생각이 들어서, 성소수자 부모모임에 참여하시는 분이 인터뷰하셨던 글 같은 것 몇 개를 엄마한테 이메일로 보냈어요. 그랬더니 엄마는 "너 엄마 안 그래도 힘든데 왜 이러니"라고 하셨어요. 아빠는 "그런다고 네가 사회에서 남자로 인정을 받을 수 있을 것 같냐, 그 누구도 너를 사랑할 수 없을 거다"라며 온갖 소리를 하셨어요. 20대 트랜스남성 N

<한국 트랜스젠더의 차별과 건강: 설문조사 기반 양적 연구(2017)>에서 커밍아웃 문항에 응답한 트랜스젠더 228명의 결과에 따르면, 어머니와 아버지에게 자신의 정체성을 커밍아웃한 참여자는 트랜스여성 범주 중 61.9~77.7%, 트랜스남성 범주 중 73.0~84.3%이

표 3 | 한국 트랜스젠더가 가족구성원에게 커밍아웃한 경험(2017년)

중복응답 가능   응답자 수(%)

	전체 (N=228)	트랜스여성 범주 (N=139)	트랜스남성 범주 (N=89)
어머니에게	183 (80.3)	108 (77.7)	75 (84.3)
아버지에게	151 (66.2)	86 (61.9)	65 (73.0)
부모님을 제외한 가족구성원에게	157 (68.9)	86 (61.9)	71 (79.8)

표 4 | 한국 트랜스젠더가 가족에게 받는 사회적 지지에 대한 인식(2017년)*

응답자 수(%)

	전체 (N=260)	트랜스여성 범주 (N=158)	트랜스남성 범주 (N=102)
나는 나의 가족으로부터 내가 필요로 하는 정서적 도움과 지지를 받는다	52 (20.0)	29 (18.3)	23 (22.5)
나는 내 문제에 대하여 나의 가족과 이야기할 수 있다	57 (21.9)	33 (20.9)	24 (23.5)

* 가족으로부터 받는 사회적 지지는 각 질문에 "대체로 그렇다"와 "매우 그렇다"의 두 응답을 합산한 값임.

었다.(표 3) 부모님을 제외한 가족에게 커밍아웃하는 비율 또한 크게 다르지 않았다.

전체 응답자 중 80%에 달하는 트랜스젠더는 가족에게 필요한 정서적 지지를 받지 못하고, 자신의 문제를 가족들과 이야기할 수 없다고 밝혔다.(표 4) 가족의 지지를 받지 못하는 상황은 트랜스젠더의 삶에 장벽으로 작용한다. 트랜스여성 F는 부모님에게 자신의 정체성을 이야기한 뒤 "인연을 끊자"는 이야기를 들었지만, 법적으로 성별을 정정할 때 부모 동의서를 받아야 하기에 부모와의 관계를 견뎌 내고 있었다. 인터뷰 당시에는 성별정정에 필요한 첨부서류에 '부모의 동의서'가 포함되어 있었으나, 2019년 8월 관련 예규의 개정으로 제외되었다.

트랜스남성 O와 M의 부모는 자녀의 정체성에 '관여'하지 않거나 호칭을 바꾸는 등 조금씩 노력하는 모습을 보이기도 했다. 이들 부모는 시간이 지나면 출생 시 성별을 따를 것이라는 기대 속에서 자녀를 기다리거나 혹은 자식이 "죽는 것보다 낫"다는 생각을 가지고 있었다.

어머니가 납득을 못하시는 상황에서 저는 제멋대로 수술하고 호르몬을 하고 그랬거든요. 그러다가 들켰는데, 그때는 막 "나가라, 인연을 끊자"고 했는데 진정되고 나니까 지금은 노터치로 계시긴 해요. 가끔가다가 치마 입고 출근하는 날이나 이럴 때는 동네 사람 보기 민망하다고 바지 입고 다니라고 그러세요. 부모님하고 관계가 중요한 게 (성별)정정 때 부모 동의서를 받아 가야 하거든요. 어쨌든 그것 때문에 부모님하고 관계가 끊어지면 좀 곤란하죠.

20대 트랜스여성 F

부모님은 좀 오랜 시간이 걸리긴 걸리는 것 같아요. 아직까지도 좀 익숙지 않아 하시고요. 음, 아직까지도 약간의 희망을 품고 계신 것 같기도 해요. 사주를 봤는데, 스물여덟 살 때 다시 돌아온다고 했대요. 이제 가끔씩 어머니도

"어, OO이 누나, 아 누나가 아니고, 아 언니, 아이 그 어쨌든 그 사람" 하세요. 뭐, 그러면서 이제 조금씩 조금씩 어머니도 바뀌어 가시는 부분이 있는 것 같아요. 20대 트랜스남성 O

저희 부모님은 조금 보수적이지만 문화적으로는 굉장히 개방적이에요, 또. 네 인생이고, 부모가 뭐 어떻게 해 줄 수 있는 것도 아니고 네가 선택하는 것도 아니고 바꿀 수 있는 것이 아니기 때문에 부모로서 그냥 무조건 안 된다고 할 게 아니라고 생각을 하신 거죠. 엄마도 "물론 아니었으면 좋겠지만, 정말 생물학적인 거고 바꿀 수 없는 거라면 네가 행복하게 살아야지. 죽는 것보단 낫잖아" 이렇게 말씀하시더라구요. 20대 트랜스남성 M

학교

설문조사 결과, 트랜스젠더라는 것을 처음 인지한 나이는 만 2세~36세, 본인 정체성을 받아들인 나이는 만 4세~42세였다.(표 5) 즉 평균적으로 본인의 정체성을 만 12세에 처음 인지하고, 만 20세에 수용하고 있었다. 그 사이에 걸린 8년의 시간에 주목할 필요가 있다. 이 시간은 가정과 학교 그리고 사회에서 나타나는 트랜스젠더에 대한 낙인과 닿아 있다.

한국 사회는 트랜스젠더에게 태어났을 때 지정받은 성별에 따라 행동하도록 강요하고, 이를 어길 시 사회부적응자 혹은 '정신질환자'로 여겼다. 트랜스남성 N은 자신의 성별정체성을 만 3세 무

표 5 | 한국 트랜스젠더가 스스로 성별정체성을 인지하고 수용한 시기(2017년, N=279)

	평균 나이(세)	최소값*(세)	최대값(세)
트랜스젠더라고 인지한 시기	12.0	2	36
트랜스젠더임을 수용한 시기	20.2	4	42

* 트랜스젠더 정체성을 인지하고 수용한 시기의 최소값은 0세를 제외했다.

렵에 처음 느꼈다고 이야기했다. 본인이 인지하는 성별로 살고자 한 걸음 내딛은 상황은 뒤처리를 해야 하는 "실수"로 취급되었다. 트랜스여성 F는 고등학교 시절 여자로 인정받지 못하고, 남자 취급을 당하며 살아가는 본인의 모습이 "비참했"다고 표현했다.

아주 어렸을 적 기억 중에 하나가, 진짜 애기 때였는데요. 만 세 살이었을 때요. 화장실에서 서서 오줌을 싸 봐야지 하고 결심을 하고, 엄청 큰맘을 먹었던 거 같아요. 그러고서 변기 앞에 딱 섰는데, 그냥 바지가 다 젖은 거죠. 근데 그 순간에 할머니가 딱 문을 열고 들어오신 거예요, 화장실에요. 할머니는 그냥, '아 얘가 화장실에 너무 늦게 와서 실수를 했구나' 하셨던 것 같아요.

20대 트랜스남성 N

중·고등학교 때는 말을 안 했으니까 차별받지는 않았어요. 대신에 저 스스로 불편한 점은 있었죠. 중학교는 남중을 다녔는데, 고등학교를 남녀공학으로 가면서 맨날 여자애들을 보게 되었어요. 그땐 비참했어요. 멀쩡한 애들은 여자 교복 입고 다니고 멀쩡히 여자로 사는데 나는 이러고 있으니까 되게 비참했죠. 쟤하고 나하고 다른 게 뭐가 있어서 쟤는 멀쩡하게 여자로 살고 여성성을 내비쳐도 누가 뭐라 하지도 않고, 화장도 마음껏 하고 다니고 자기 좋아하는 거 하는데 나는 좋아하는 거 몽땅 숨겨야 되고, 가끔 가다가 남자 취급받고 그러니까요. 20대 트랜스여성 F

중학교 3학년 때, 트랜스여성 H는 용기를 내어 선생님에게 자신의 정체성에 대한 상담을 요청했다. 하지만 선생님은 그녀의 고민을 "대학병원에 가서 해결해"야 하는 것으로 치부했고, 그날 이후 트랜스여성 H의 고민은 교내 모든 선생님들이 아는 공공연한 비밀이 되었다. 학교에서 선생님에게 받는 차별적인 시선은 온전히 그녀가 감당해야 할 몫이었다. 그녀는 교감 선생님으로부터 "게이 같은 정신 질환자"라는 차별 발언을 듣기도 했다.

중학교 3학년 때, 학교에 상담소가 있었는데 거기에서 처음으로 상담 선생님하고 이야기를 해 봤어요. 선생님이 이런 걸 되게 안 좋게 생각하셔서 그때 처음에 얘기를 했다가 '아, 역시 안 되겠다' 하고 그냥 숨기기로 했었어요. (중략) 정신적인 문제가 있는 애들을 담당하던 선생님이었는데, 제가 그 얘기를 꺼내는 순간에 갑자기 전화를 하시더라구요, 교무실 쪽에. 아마도 저희 담임 선생님이랑 통화를 하셨던 것 같은데, 그러고 나서는 그냥 차갑게 대하셨던 것 같아요. 그것은 "대학병원에 가서 해결해라"고 그러시고요.
20대 트랜스여성 H

상담 선생님이랑 통화하고 나서 담임 선생님이 따로 불러서 그냥, "아니지?" 라고 물어보시더라구요. 그래서 제가 "아, 당연히 아니죠." 그랬어요. 그냥 넘어가려고요. 20대 트랜스여성 H

학교 선생님들이 저를 의식해서 그런지 그런 말들을 많이 하신 거 같아요. 한번은 영어 선생님이 군대 얘기를 하시더라구요. 예비군이었을 때 게이를 봤대요. 정신 질환자를 봤다고요. 예비군인데 머리를 기르고, 화장을 하고 그렇게 왔다면서요. 그 사람은 정신 질환자라고 그러시면서 계속 수업을 이어나가셨어요. 교감 선생님도 그런 적이 있는데, 제가 머리 길이를 규정에서 살짝 초과한 적이 있는데 그걸 보시더니 "너 나중에 게이 같은 정신 질환자 될 거 아니냐"고 말씀하셨어요. 20대 트랜스여성 H

　　트랜스여성 H와 비슷한 경험을 한 트랜스젠더는 적지 않았다. 교사로부터 "중·고등학교 재학 당시 학교에서 성소수자를 무시하거나 비난하는 말을 들"은 적이 있는 이들은 전체 응답자 279명 중 78명(28.0%)이었다.(표 6) 학교를 함께 다니는 학생들로부터 성소수자를 비하하는 발언을 들은 트랜스젠더는 110명(39.4%)으로 더 많았다. 적지 않은 트랜스젠더가 학창 시절에 교사에게(29명, 10.4%) 그리고 또래 학생에게(63명, 22.6%) 성희롱이나 성폭력을 경험했다.(표 7)
　　"마음먹고 트랜스젠더로 살려고 결심하는" 20대 초·중반의 한국 트랜스젠더는 사회적으로 고립되어 있었다. 자신의 정체성을 알린 이후 이들은 가족이나 친구 등 그동안 맺어 온 사회관계에서

표 6 | 한국 트랜스젠더가 중학교, 고등학교 재학 중 학교에서 성소수자를 무시하거나 비난하는 말을 들었던 경험(2017년)

중복응답 가능   응답자 수(%)

	전체 (N=279)	트랜스여성 범주 (N=173)	트랜스남성 범주 (N=106)
교사에게	78 (28.0)	45 (26.0)	33 (31.1)
또래 학생에게	110 (39.4)	67 (38.7)	43 (40.6)

표 7 | 한국 트랜스젠더가 중학교, 고등학교 재학 중 학교에서 겪은 성희롱 또는 성폭력 경험(2017년)

중복응답 가능   응답자 수(%)

	전체 (N=279)	트랜스여성 범주 (N=173)	트랜스남성 범주 (N=106)
교사에게	29 (10.4)	15 (8.7)	14 (13.2)
또래 학생에게	63 (22.6)	44 (25.4)	19 (17.9)

단절되기 쉬운 환경에 놓였다. 또한 많은 이들이 성전환 수술에 드는 비용을 마련하기 위해 저임금 노동을 하는 경우가 많았다. 편의점이나 PC방 아르바이트와 같은 일자리를 통해 수술 비용을 모으기까지 오랜 시간이 걸렸고, 그동안 법적 성별정정은 미뤄졌다. 그 과정에서 주민등록번호 상의 성별과 본인이 인지하고 표현하는 성별 간의 불일치로 발생하는 어려움은 고스란히 트랜스젠더 본인이 감내해야 했다.

의료적 트랜지션에 드는 비용을 마련하기 위해 저임금 노동

뿐 아니라 성매매·성노동을 하는 경우도 있었다. 단기간에 많은 수입을 벌어들일 수 있기 때문에, 직업 선택을 할 때 다른 대안을 찾기 어려운 트랜스젠더는 성전환 수술 비용을 마련하기 위해 성매매·성노동을 선택하기도 했다. 〈한국 트랜스젠더의 차별과 건강: 설문조사 기반 양적 연구(2017)〉에서 성매매·성노동 경험에 대해 조사한 결과, 259명의 트랜스젠더 중 7.7%가 평생, 3.9%가 지난 12개월 동안 성매매·성노동에 종사한 적이 있다고 밝혔다.(표 8)

보통 마음먹고 트랜스젠더로 살려고 결심하는 게 20대 초·중반이에요. 근데 가족들이 지지해 주는 경우는 거의 없단 말이에요. 그러면 트랜스젠더들은 가족이든 친구든 학교든 기존에 가지고 있던 모든 걸 버리고 트랜스젠더로 살아가야 해요. 이런 상황에서 호르몬을 하고 성전환 수술하는 데 돈이 필요하단 말이죠. 그러면 일단은 설거지 같은 일부터 시작하는 거예요.

20대 트랜스여성 A

제가 많이 봤던 케이스는 어릴 때부터 티가 나서 학업을 포기하고, 그냥 이래저래 지내다가 거기서 2가지 길 중에 하나를 선택하는 거예요. 첫 번째는 편의점이나 PC방 그런 데를 전전하면서 성전환 수술을 받아서 20대 중반이나 후반에 여성이 되었지만 학력도 낮고 구체적인 능력도 없는 그런 경우요. 두 번째는 업소를 가거나 아니면 조건 만남 같은 걸 하면서 그걸로 번 돈으로 성전환 수술을 하고 생활하는 그런 경우요. 이 2가지 경우가 한국에서는 가장 많은 거 같아요. 30대 트랜스여성 D

표 8 | 한국 트랜스젠더의 성매매·성노동 종사 경험(2017년)

응답자 수(%)

	전체 (N=259)	트랜스여성 범주 (N=157)	트랜스남성 범주 (N=102)
지금까지 한 번이라도 종사한 적이 있다	20 (7.7)	17 (10.8)	3 (2.9)
지난 12개월 동안 종사한 적이 있다	10 (3.9)	8 (5.1)	2 (2.0)

표 9 | 한국 트랜스젠더가 의료적 트랜지션을 위해 학업 또는 직장 생활을
      중단한 경험(2017년)

응답자 수(%)

	전체 (N=263)	트랜스여성 범주 (N=161)	트랜스남성 범주 (N=102)
중단한 적 없다	124 (47.1)	72 (44.7)	52 (51.0)
중단한 적 있다	139 (52.9)	89 (55.3)	50 (49.0)

20대 초·중반인 트랜스젠더 친구들은 알바를 죽어라 하거나 아니면 대부분 몸을 파는 직업을 택해요. 그게 수입이 짭짤하니까. (중략) 그렇게 해서 얼굴이나 몸이 되는 친구들은 한 1년만 하면 수술비를 금방 모아요.

40대 트랜스여성 B

의료적 트랜지션을 받기 위해 돈을 모으고 시술을 받는 과정에서 트랜스젠더는 경력 단절을 경험하고 있었다. 연구에 참여한 트랜스여성 범주 161명 중 89명(55.3%), 트랜스남성 범주 102명 중 50명(49.0%)이 의료적 트랜지션을 받기 위해 학업 또는 직장을 중단한 경험이 있다고 답했다.(표 9)

인터뷰 당시 대학교 휴학 중이던 트랜스여성 J는 1~2년 내에 성기성형수술을 계획하고 있었다. 보통 성기성형수술 이후 약 2년 정도는 질이 수축되거나 협착되는 것을 방지하기 위해 피부를 확장시키는 다이레이션(Dilation)을 한다. 트랜스여성 J는 다이레이션 때문에 또 다시 휴학해야 하는 상황에 대해 부담을 느꼈다. 이처럼 낮은 사회적 지지와 저임금 노동, 성매매·성노동, 경력 단절의 악순환에서 벗어나기 위해 외국에서의 생활을 계획하는 경우도 종종 있었다.

저 같은 경우도 지금 1학년을 끝내고 휴학을 하고 있지만 아, 아무래도 올해 말이나 내년 초에 수술을 한다면 분명히 무조건 1년을 쉬어야 될 것 같아요. 그런데 제가 듣기로는 약 2년간은 하루 3번 정도 한 40분씩을 다이레이션을 시간에 맞춰서 해 줘야 한다고 들었어요. 근데 어떻게든 학교를 다녀 볼 생각인데, 3년 휴학은 너무 크거든요. 20대 트랜스여성 J

사실 호르몬을 시작하기 전에 한 달 정도를 계속 외국 유학을 알아봤어요. 한국에서 살 생각이 별로 없었고, 좀 더 성소수자에게 우호적인 국가로 석사 과정을 밟으러 가던지 아니면 이민을 가려고 생각했는데 요즘 이민도 쉽지 않더라구요. 아무리 학위를 따도 쉽지 않고, 또 비영어권 국가로 가려면 완전히 생소한 언어를 배워야 되고, 또 이런저런 다른 것도 있고 해서, 한국에서 도피하는 게 해결책은 아니겠구나 하고 생각했어요. 20대 트랜스남성 M

직장

법적 성별을 정정하기 이전이라면 트랜스젠더의 주민등록번호는 이들이 직업을 구하는 과정에서 장벽으로 작용한다. 젠더퀴어 K는 본인의 주민등록번호와 자신의 외양이 일치하지 않는다는 이유로 "일하는 분위기"를 해치기 때문에 "출근하지 말라"고 일방적인 통보를 받은 적이 있었다. 트랜스남성 O 역시 주민등록번호로 인해 구직하기 어렵다고 호소했다. 이에 대한 차선책으로, "경마장" 같이 주민등록번호를 요구하지 않는 곳에서 일하기도 한다.

일을 못해서 잘린 게 아니고 이것 때문에 잘린 적도 있었어요. **어떻게? 그러니까 외모가 이렇다는 이유로요. 대놓고 그런 얘기를 하던가요? 회사에서?** 예. 사유를 들어 보니까 그렇더라구요. 아웃소싱 통해서 들어간 거였는데, 그 아웃소싱 관계자가 그쪽 업체에서 그런 식으로 말을 했다고. 외모도 그렇고, 주민등록번호가 1번이니까, 일하는 분위기라는 게 있는데 뭐 그런 분위기를 해친다, 뭐 그래서 그런 이유로, 내일부터 출근하지 말라면서요. 그런 적이 있었어요. 20대 젠더퀴어 K

일 구할 때 잘 안 구해지는 게 조금은 있는 거 같아요. 왜냐면 이력서를 쓸 때 주민등록번호를 쓰라고 할 때도 있고 안 쓰라고 할 때도 있잖아요. 안 쓴 걸 보냈을 때 연락을 받은 게 더 많은 거 같긴 해요. (주민등록번호를) 써서 연락을 받은 적은 없어요. 근데 대부분 나중에 주민등록번호를 알게 되죠. 20대 트랜스남성 O

표 10 | 한국 트랜스젠더가 현재 직장 내 동료와 상사에게 커밍아웃한 경험(2017년)

응답자 수(%)

	전체 (N=113)	트랜스여성 범주 (N=67)	트랜스남성 범주 (N=46)
커밍아웃하지 않음	76 (67.3)	43 (64.2)	33 (71.7)
커밍아웃 함	37 (32.7)	24 (35.8)	13 (28.3)

표 11 | 한국 트랜스젠더가 지난 12개월 동안 직장 내에서 겪은 성별정체성 관련
부정적 경험(2017년)

응답자 수(%)

	전체 (N=113)	트랜스여성 범주 (N=67)	트랜스남성 범주 (N=46)
직장에서 트랜스젠더임을 숨기거나 트랜스젠더가 아닌 것처럼 꾸며야 했다	99 (87.6)	58 (86.6)	41 (89.1)
직장에서 사람들이 성소수자에 대해 부정적인 태도를 보이는 걸 경험한 적이 있다	87 (77.0)	51 (76.1)	36 (78.3)

FtM 같은 경우는 주민등록번호 뒷자리 첫 숫자가 2인데 호르몬을 하면 외모
는 완전히 남자로 바뀌니까 취업이 어렵죠. 왜냐면 법적으로는 여자인데 남
자가 왔으니까 취업이 거의 안 돼요. 그래서 대부분 하는 게 경마장 일 같은,
외모나 주민등록번호 같은 거 안 보는 데서 일하더라구요. 20대 트랜스여성 F

트랜스젠더 노동자 113명 중 76명(67.3%)은 직장에서 동료, 상
사에게 커밍아웃하지 않았다고 응답했다.(표 10) 또한, 지난 12개월
동안 "직장에서 트랜스젠더임을 숨기거나 아닌 것처럼 꾸며야 했

다"고 응답한 이들은 전체 조사 대상자 113명 중 99명(87.6%)에 달한다.(표 11) 자신의 정체성을 드러낼 수 없는 직장 문화와 노동 환경 속에서 트랜스젠더 노동자들은 일하고 있었다.

군대

한국에서 법적 성별이 남성인 이들은 병역 의무를 가진다. 출생 시 법적 성별이 남성인 트랜스여성과 법적 성별을 남성으로 정정한 트랜스남성도 예외가 아니다. 특히, 트랜스여성은 병역 면제를 받기 위해 법적 성별정정을 마치거나 고환적출 수술과 같은 비가역적인 생식기 관련 외과적 수술을 받는 것이 관행이다. 그러나 최근 병무청에서 트랜지션 관련 외과적 수술을 받지 않은 트랜스젠더를 현역으로 입대시키는 경우는 줄어드는 추세다.

출생 시 성별이 남성인 경우 보통 10대 후반에서 20대 초반에 징병을 위한 신체검사를 받는데, 그 이전에 성전환을 위한 외과적 수술을 받고 법적 성별정정을 마치는 경우는 매우 드물다. <한국 트랜스젠더 차별과 건강: 심층 인터뷰 기반 질적 연구(2015)>에 참여한 트랜스여성 중에는 군복무를 마친 경우가 있었는데, 이들은 군복무 기간 동안 여러 종류의 차별을 경험했다고 이야기했다. 군복무를 마친 트랜스여성 A는 전반적으로 군대 생활에 잘 적응하는 편이었지만, 여성적인 말투나 행동으로 인해 상급자에게 신체적인 폭력을 당하거나 간부들로부터 성희롱과 성추행을 겪기도 했다.

이등병 때에는 되게 힘들었어요, 계집애 같다고 막……. (중략) 처음에 진짜 많이 혼났어요. 숨소리부터 바꾸라고 저한테 그랬어요. 잠자기 전에 교육하고, 때리고……. (중략) 맞기까지 했어요. 따귀도 맞았어요. 왜 맞은지는 모르겠지만요. 뭐, 철모를 똑바로 안 썼다고, 또 군가를 왜 이렇게 이쁘게 부르냐고 맞았어요. 20대 트랜스여성 A

저는 군대에서 커밍아웃을 했어요. 대장님한테도요. 왜냐면 간부들이 너무 장난을 많이 치는 거예요, 좀 심하게. 우산 꽂이를 보더니 이걸 집어넣는다 이러지를 않나, 엉덩이를 막 때리지를 않나 아무튼 그랬어요. 성적으로 이년, 저년 한다거나 그런 건 받아 줄 수는 있는데, 그런 일이 계속 있으니까 스트레스 받더라구요. 20대 트랜스여성 A

<한국 트랜스젠더의 차별과 건강: 설문조사 기반 양적 연구(2017)>에 참여한 트랜스여성 범주 173명 중 군복무 중이거나 군복무를 마친 응답자는 총 70명이었다.(표 12) 그들에게 군대 생활과 관련해 어떤 점이 어려운지 질문했고, 70명 중 절반 정도가 공동으로 샤워시설 및 취침시설을 이용해야 하는 것을 꼽았다. 그 밖에도 많은 이들이 관심 사병으로 분류(30명, 42.9%)되거나 본인이 트랜스젠더라는 게 알려지는 것 대한 두려움(30명, 42.9%)을 가지고 있었다. 또한, 트랜스여성 범주의 응답자들은 군대 내에서 성희롱 또는 성폭력 피해에 대한 두려움(22명, 31.4%)을 가질 뿐만 아니라 직접적으로 그 피해를 경험(17명, 24.3%)한 적이 있다고 응답했다.

표 12 | 한국 트랜스젠더의 군 복무 중 겪었던 어려운 점(2017년)

중복응답 가능   응답자 수(%)

	트랜스여성 범주 (N=70)
공동 샤워시설을 이용하기	40 (57.1)
공동 취침시설에서 생활하기	33 (47.1)
관심 사병으로 분류됨	30 (42.9)
본인이 트랜스젠더라는 것이 알려질 것에 대한 두려움	30 (42.9)
성소수자에 대한 비하 발언이나 문화	26 (37.1)
성희롱 또는 성폭력에 대한 두려움	22 (31.4)
성희롱 또는 성폭력 피해 경험	17 (24.3)
업무 수행 또는 배정 등에서 차별 경험	7 (10.0)
비전 캠프 등 부적응기관으로 이송됨	5 (7.1)
원하지 않는 강제 검진 또는 입원을 요구 받음	3 (4.3)

공중화장실

성별이 분리된 화장실을 이용할 때에도 트랜스젠더는 어려움을 겪고 있다. 성중립 화장실은 개별 칸에 변기와 세면대가 함께 갖추어져 있어 성별이나 장애 등에 관계 없이 누구나 이용할 수 있는 공간이다. 주로 'All gender restroom' 또는 'Gender neutral restroom'으로 불리는 성중립 화장실은 2010년 미국에서 한 트랜스여성이 남자 화장실에서 폭행을 당하면서 공론화되었다. 성소수자가 화장실에서 겪을 수 있는 폭력에 대한 고민이 사회적으로 확산되면서, 그 대안으로 성중립 화장실이 제시되었다. 사진 1은 연구팀이 2017년 논문 발표를 위해 방문한 미국의 애틀랜타와 보스턴, 뉴욕에서 찍은 성중립 화장실 모습을 담았다.

트랜스남성 N은 본인의 성별정체성에 따라 남자 화장실을 가기에는 불안하고, 그렇다고 출생 시 성별을 따라 여자 화장실을 가기에는 화장실을 이용하는 여성들의 반응 때문에 이용이 불편하다고 했다. 공중화장실뿐만 아니라, 트랜스남성 I와 트랜스여성 B는 사람들이 많은 공공장소에서 본인 목소리에 대한 사람들의 시선 때문에 전화 통화를 하기 어렵다고 이야기했다.

한국에서 가장 힘든 건 화장실 사용이죠. 일단 여자 화장실을 가려고 하면 "어머, 어머" 이러고, 남자 화장실을 가려고 하면 뭔가 제가 좀 불안하고요. 그냥 눈 딱 감고 가면 상관이 없는데, 안에 있다가 밖에서 사람 소리가 나면 문을 열고 다시 나갈 용기가 안 나요. 한참 기다리고 앉아 있다가 사람 소리 안 나면 슥 나가고 그래요. 그런 게 가장 어렵죠. 여자 화장실은 가면 일단 사람들이 놀라니까. 왜 그렇게 놀라는지도 잘 모르겠어요. 제가 거울을 봤을 때 제가 아직 여성스러워 보이는 점이 많아서 불만인데요.(웃음) 어딜 보고 그러는 건지 이해가 안 돼요.(웃음) 20대 트랜스남성 N

남자 화장실에 가면 사람들이 아무 반응도 안 보이는데, 여자 화장실에 가면 여자들이 깜짝 놀라요. 그래서 화장실에서 좀 불편한데요. 그다음에는 제가 목소리가 이렇게 호르몬을 하면서 낮아지기 전까지는 전화를 잘 못 받았어요. 사람들이랑 말하기도 좀, 눈치 보였어요. 겉모습은 남자 같은데 목소리가 너무 여려서, 그런 것도 좀 신경 쓰였구요. 20대 트랜스남성 I

사진 1 | 해외의 다양한 성중립 화장실

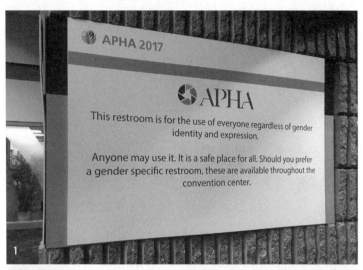

1) 2017년 11월, 미국 애틀랜타에서 미국공중보건학회(American Public Health Association)가 열린 학회 장 내 화장실에 게시된 공지문. 당시 학회장 내의 화장실에는 화장실 표지 대신 안내공지가 게시되었는 데, 그 내용은 다음과 같다. "이 화장실은 성별정체성과 성별 표현에 상관없이 모두가 자유롭게 이용할 수 있습니다. 누구나 사용 가능한 안전한 공간입니다. 만약 당신이 성별에 따른 화장실을 원한다면 이 컨벤션센터에 있는 다른 화장실을 이용하시기 바랍니다."
2) 미국 보스턴 펜웨이연구소(The Fenway Institute) 건물 내부에 있는 화장실.
3) 미국 뉴욕의 스타벅스 커피숍에 있는 화장실.

저 같은 경우는 공공장소에서 전화 통화를 잘 안 해요. 한번은 영화관에서 20~30명 정도 있었는데, 거의 다 여자였어요. 제가 가만히 있을 때는 아무도 인지를 못하다가 제가 "여보세요" 하니까 다 쳐다보는 거예요. 깜짝 놀랐어요. 그래서 '아, 이건 아니다'라고 생각해서 그다음부터는 공공장소에서 절대 전화를 안 받아요. 40대 트랜스여성 B

지난 5년간 성별 분리된 공중화장실을 이용한 적 있는 트랜스젠더 256명에게 그 경험에 대해 물었다.(표 13) 응답자 중 74.6%인 191명이 "부당한 대우나 불쾌한 시선을 받을까 봐 화장실 이용을 포기하거나 나의 성별정체성과 다른 성별의 시설을 이용한 적이 있다"고 응답했다. "화장실 이용을 제지당"하거나 "모욕적인 발언을 들"은 경우도 각각 25% 이상이었으며, 트랜스여성 범주보다는 트랜스남성 범주의 응답자가 이런 경험을 더 많이 하는 것으로 나타났

표 13 | 한국 트랜스젠더가 최근 5년간 공중화장실에서 겪은 경험(2017년)

응답자 수(%)

	전체 (N=256)	트랜스여성 범주 (N=155)	트랜스남성 범주 (N=101)
부당한 대우나 불쾌한 시선을 받을까 봐 화장실 이용을 포기하거나 나의 성별정체성과 다른 성별의 시설을 이용한 적이 있다	191 (74.6)	116 (74.8)	75 (74.3)
모욕적인 발언을 들었다	69 (27.0)	36 (23.2)	33 (32.7)
화장실 이용을 제지당했다	67 (26.2)	29 (18.7)	38 (37.6)
물리적인 폭력을 당했다	13 (5.1)	9 (5.8)	4 (4.0)

다. 약 5%의 트랜스젠더는 공중화장실을 이용했을 때, "물리적인 폭력"을 겪기도 했다.

투표소

트랜스젠더는 공공 기관에서 서류를 떼거나 은행 업무를 볼 때 신분증을 확인하는 과정에서도 불편을 느낀다. 신분증에 나와 있는 주민등록번호에는 남자의 경우 1 또는 3, 여자의 경우 2 또는 4와 같이 성별을 나타내는 숫자가 제시되어 있다. 그렇기 때문에 신분증을 확인하는 과정에서 트랜스젠더는 그 숫자와 자신이 표현하는 성별이 일치하지 않는다는 이유로 사람들에게 따가운 시선을 받거나 불필요한 질문을 받으며 심지어는 본인 확인을 거부당하는 등 모욕을 경험하기도 한다. 이런 일은 관공서나 병원, 은행뿐만 아니라 신분증 제시를 요구하는 취업 과정에서도 나타난다.

어디서든지 신분을 밝혀야 할 때 불편함을 느껴요. 신분증이나 가족 관계를 확인해야 하는 행정적인 업무를 볼 때 한 번 더 "본인 맞으세요?"라고 물어보는 거에 대한 불편함이 있어요. 관공서에서는 확실히 그런 시선이 있는 거 같구요, 개인병원이나 은행도 마찬가지인 거 같아요. 20대 트랜스여성 G

　　트랜스젠더가 신분증을 제시할 때 겪는 불편함과 두려움을 확인하기 위해 <한국 트랜스젠더의 차별과 건강: 설문조사 기반 양

표 14 | 제19대 대통령 선거에 불참한 한국 트랜스젠더의 투표 불참 이유(2017년)

응답자 수(%)

	전체 (N=48)	트랜스여성 범주 (N=35)	트랜스남성 범주 (N=13)
신분증 확인으로 출생 시 성별이 드러나는 것이 두려워서	13 (27.1)	11 (31.4)	2 (15.4)
신분증 확인으로 현장에서 주목받는 것이 두려워서	3 (6.3)	3 (8.6)	0 (0)
투표에 관심이 없어서	9 (18.8)	8 (22.9)	1 (7.7)
투표할 시간이 없어서	8 (16.7)	4 (11.4)	4 (30.8)
기타	15 (31.3)	9 (25.7)	6 (46.2)

적 연구(2017)>에서 19대 대통령 선거에서 투표했는지, 투표하지 않았다면 그 이유는 무엇인지 물었다.(표 14) 투표하지 않았다고 응답한 48명의 트랜스젠더 중 "신분증 확인으로 출생 시 성별이 드러나는 것이 두려워서"라고 응답한 이들은 13명(27.1%)으로 나타났다. 그 밖에도 3명(6.3%)의 응답자가 "신분증 확인으로 현장에서 주목받는 것이 두려워서"라고 답했다.

성별 이분법적 사회

트랜스젠더에게 던지는 "당신은 남자예요, 여자예요?"라는 질문은 단순한 호기심으로 치부할 수 없다. 한 사람의 성별을 남성과 여성으로 뚜렷이 구분하고 이를 당연하게 여기며, 남녀 외의 성별은 상상하지 못하는 사회에서 이런 질문은 트랜스젠더를 괴롭힌다.

트랜스젠더 중 사회활동을 하며 한 번의 예외 없이 원하는 성별로 인정받는 이들은 얼마나 될까? 트랜스젠더가 사회 속에서 만난 다양한 사람들에게 본인의 성별정체성으로 인지되는 패싱의 과정은 이들의 외모나 옷차림, 행동과 습관이 성별정체성과 적절히 부합했을 때에만 가능하다. 문제는 자신이 원하는 성별로 인지되지 않을 경우가 많다는 것이다. 때로는 의연함으로, 때로는 '나'를 찾아가는 연극으로 접근하고 있었지만, 패싱 과정에서 이들이 느끼는 긴장과 스트레스는 피할 수 없었다.

가끔 사람들이 "여자인가, 남자인가?" 이러면서 계속 이렇게 쳐다봐요. 그러면 저는 신경 안 쓰죠. 근데 무서운 게 애기들이 더 잘 알아봐요. 애기들이 그냥 되게 생각이 없잖아요. 애기가 저한테 "왜 여자에서 남자가 됐어요?" 이런 식으로 말을 걸었던 적이 있었어요. 20대 트랜스남성 I

그게 어렸을 때는 굉장히 스트레스여서 꿈도 막 꾸고 그랬어요. "남자야, 여자야?" 묻는 꿈이었어요. 그게 제가 무슨 아파트 15층에서 이렇게 내려가는데, 1층 내려갈 때마다 양쪽에서 문을 열고 "남자냐, 여자냐?" 물어보는 거예요. "아, 여자예요." 이러고 내려가면 또 물어보는 거예요. 이게 지금 생각해보니까 진짜 스트레스였죠. 20대 트랜스남성 M

제가 스트레스 받아 봤자 저만 힘든 거고. (중략) 그냥 약간 연극하는 거 같은

느낌? 제 신체는 줄리엣인데, 줄리엣인데,(웃음) 뭐 나는 로미오니까, 줄리엣
이 될 수 없는…… 그런 거죠. 20대 트랜스남성 M

      <한국 트랜스젠더의 차별과 건강: 설문조사 기반 양적 연구
(2017)>에 참여한 이들의 응답을 살펴보면, 트랜스여성 범주 중 105
명(60.7%), 트랜스남성 범주 중 92명(86.8%)이 타인에게 본인의 외모
나 옷차림이 성별순응적으로 인식된다고 밝혔다.(표 15) 즉, 트랜스여
성 범주의 경우 사람들이 자신을 여성으로, 트랜스남성 범주의 경우
자신을 남성으로 여기는 것이다. 설문조사 결과, 트랜스여성 범주보
다는 트랜스남성 범주의 응답자가 다른 사람들에게 본인이 인지하
는 성별로 받아들여지는 비율이 높은 것을 알 수 있다. 다른 이들이
자신의 행동이나 습관에 대해 어떻게 인식하는지 물었을 때에도 트
랜스여성 범주보다 트랜스남성 범주에서 성별순응적이라고 응답한
비율이 더 높았다.(표 16)
      전형적인 남성다움과 여성다움을 갖추지 못한 경우에 패싱
은 어려운 일이다. 이분법적인 성별 규범으로 인해 사람들은 남성과
여성이 아닌 그 이외의 성별은 존재하지 않으며, 남성다움과 여성다
움은 공존할 수 없다고 생각하기 때문이다. 어떤 트랜스젠더는 스스
로를 남성이나 여성으로 정체화하지 않는다. 이들은 또다른 성별로
자신의 존재를 드러내고, 스스로를 "중간자적인 존재"로 생각한다.
      젠더퀴어라고도 불리는 이들은 남성과 여성에 귀속되지 않
는 고유한 다른 성별정체성을 가지고 있다. 스스로 남성 혹은 여성

표 15 | 한국 트랜스젠더의 성별정체성과 외모·스타일·옷차림*에 대한 타인의 인식이 부합하는지 여부(2017년)

응답자 수(%)

	전체 (N=279)	트랜스여성 범주 (N=173)	트랜스남성 범주 (N=106)
성별순응적	197 (70.6)	105 (60.7)	92 (86.8)
중성적	51 (18.3)	42 (24.3)	9 (8.5)
성별비순응적**	31 (11.1)	26 (15.0)	5 (4.7)

* 연구 참여자는 외모, 스타일, 옷차림을 통한 자신의 성별 표현을 다른 사람들이 어떻게 받아들인다고 생각하는지에 대한 질문에 응답했다.
** 성별순응적이란 참여자의 성별정체성과 외모, 스타일, 옷차림 등의 성별 표현이 부합하는 경우를 말하며, 성별비순응적이란 참여자의 성별정체성과 성별 표현이 부합하지 않는 경우를 말한다.

표 16 | 한국 트랜스젠더의 성별정체성과 본인의 행동·습관*에 대한 타인의 인식이 부합하는지 여부(2017년)

응답자 수(%)

	전체 (N=279)	트랜스여성 범주 (N=173)	트랜스남성 범주 (N=106)
성별순응적	192 (68.8)	117 (67.6)	75 (70.8)
중성적	56 (20.1)	32 (18.5)	24 (22.6)
성별비순응적	31 (11.1)	24 (13.9)	7 (6.6)

* 연구 참여자는 행동, 습관을 통한 자신의 성별 표현을 다른 사람들이 어떻게 받아들인다고 생각하는지에 대한 질문에 응답했다.

으로 정의하지 않는 젠더퀴어의 존재는 트랜스젠더 내에서도 다양한 정체성의 스펙트럼이 있음을 일깨워 준다. 남성과 여성으로만 나뉜 이분법적 성별 규범을 넘어 또 다른 성별정체성을 가지고 있는 사람을 상상하라고, 기존 규범에 제한되지 않는 오롯한 당신의 자리가 어디에든 있다고 알려 준다.

칙칙한 야상을 입고 평소에 가던 편의점에 갔는데 알바생이 혹시 누나 있지 않냐고 그러는 거에요. "아, 네네." 그러면서 그냥 나왔는데, '사람들 머릿속에 남자랑 여자 외에는 딱히 그 범주 자체가 없구나' 라는 생각이 들었어요. 남자로 패싱되거나 여자로 패싱되거나 둘 중 하나지, 어중간하게 패싱이 되는 경우는 드물다는 걸 느꼈죠. 20대 트랜스여성 C

저 같은 경우에는 아직도 정체성에 대해서 혼란스러운 게 좀 있어요. 확실하게 남자랑은 다르고, 여자 쪽에 더 가까운 거 같기는 한데. 그게 보통 제가 관측하는 여성들이랑은 좀 다른 거 같거든요. 근데 이게 제가 젠더퀴어 같은 중간자적인 존재라서 그런 건지 아니면 그냥 사회화에 따른 차이인 건지 모르겠어요. 남성 또는 여성인 사람들도 원래 그런 게 아니라 그냥 사회에서 남성스럽게, 여성스럽게 하라고 배웠기 때문에 달라 보이는 것뿐인지 잘 모르겠어요. 20대 젠더퀴어 E

"혼자 고민했어요"

의료적 트랜지션에 대해 정확한 정보를 제공할 수 있는 의료 기관이
부족한 한국 상황에서 트랜스젠더는 필요한 정보를 얻기 위해
우회로를 이용한다. 많은 이들이 호르몬 치료나 성전환 수술을 받고자
의료 기관에 방문하기 전 인터넷을 통해 의학 정보를 얻는다. 의료적
트랜지션을 건강보험으로 보장하지 않는 한국에서 트랜스젠더가
성전환 수술을 받기 위해 의료비를 모으는 것은 큰 부담이다. 또한
수술로 인해 일하지 못하는 기간 동안 필요한 생활비를 모으는 일 역시
의료적 트랜지션을 준비하는 과정에서 고려해야 할 사항이다.

"혼자 고민했어요. 여기저기 많이 찾아봤지만, 주변에는 그런 지식이 있는
친구가 없었어요. 당시에 게이랑 레즈비언 친구들은 있었는데, 의외로
트랜스젠더 친구들이 1명도 없었던 것 같아요. 같은 성소수자지만 걔들도
당연히 모르는 거예요. 그래서 인터넷을 찾아봤는데, 너무 불확실한
정보들이 많으니까. 힘들었어요." (20대 트랜스여성 A)

"다른 사람들은 의료 기관에 대한 정보들을 알고 찾아가는 경우가 많을
거 같아요. 아무 병원이나 들어가면 거절을 당할 가능성이 높잖아요.

그래서 사람들 사이에 진단서를 떼려면 어디에 가야 하고, 호르몬은 어디 가서 맞아야 한다는 그런 정보들이 늘 조금씩 공유되는 거 같아요."
(30대 트랜스여성 D)

"딱히 문제라고 생각하는 건, 의사들도 잘 모르는 데다가 당사자들이 해외 자료를 찾아보거나 자기의 실제 경험을 토대로 정보를 계속 교환하다 보니까 좀 부풀려지는 경향이 없지 않아 있는 거 같아요. 예를 들면, 의료적 조치를 할 때 어떻게 해야 하는지 프로토콜이 있고, 개개인마다 신체적 반응이 다를 수 있는데 그걸 좀 일반화시키는 경향이 가끔씩 보여요. 저는 그런 게 좀 문제라고 생각해요." (20대 트랜스여성 G)

"일단 저는 '1억 정도 모아 보자'라고 생각하고 있어요. 성전환 수술을 받으면 어쩌면 포기해야 할 게 많이 있을 수도 있으니까. 예를 들어서, 취업이 잘 안 될 수도 있고 수술 후에도 반 년 정도는 쉬어야 할 거잖아요. 성전환 수술이랑 성형수술이랑 생활비랑 그런 비용들을 다 생각했을 때 그 정도는 있어야 되지 않을까 생각했어요." (30대 트랜스여성 D)

미국에서 호르몬 치료를 받은 트랜스남성 O는 병원에서 의료적 트랜지션에 대한 정보를 제공받았다고 진술했다. 트랜스남성 N이 다니던 미국의 대학교에서는 의료적 트랜지션에 드는 비용을 의료보험으로 보장해 주고 있었다.

"(미국에서) 의사를 찾아 갔을 때, 거기서 호르몬을 시작하면서 종이를 이렇게 몇 장 주더라구요. 거기에 쫙 이렇게 리스트가 다 되어 있어요. **어떤 리스트?** 만약에 호르몬을 시작했을 때, 어떻게 바뀌고, 호르몬을

멈췄을 때는 어느 부분이 바뀌고, 어느 부분이 그대로 남는지, 그리고
이런 위험요소가 있고, 뭐 등등의 정보들이요. 근데 그게 엄청 자세히 되어
있는, 3~4페이지, 5페이지 정도로 되어 있는 그런 정보였어요. 읽었을 때
뭔가 제가 몰랐던 것들, 딱 캐치를 못했던 것들부터 알아갈 수 있었던
것도 있고." (20대 트랜스남성 O)

"(미국에서 다니는) 학교에서 학생들이 들 수 있는 의료보험이 있어요.
그런데 그 의료보험에서 트랜지션 관련 의료 비용, 그러니까 수술은 한
80%까지 다 지원을 해 주고, 호르몬 같은 경우는 거의 다 지원을 해
줘요. 그래서 호르몬 할 때 들었던 비용이 한 달에 2만 원 미만이었어요."
(20대 트랜스남성 N)

"차별하지 않는 의사를 만나면,
이사로 거리가 멀어진 경우에도 꾸준히
그 병원을 찾았다. 그런 병원이 드물기 때문이다."

3

모두에게 문턱 없는
병원을 위하여

: 트랜스젠더, 병원에서 상처받지 않을 권리를 말하다

한국 트랜스젠더
건강 연구 연대기

연구팀은 한국에서 진행된 트랜스젠더의 건강에 대한 기존 연구들을 살펴보고, 향후 어떠한 연구가 필요한지 알아보기 위해 2017년 5월 31일까지 발표된 논문을 체계적으로 검토하고 정리했다.[1, 2] 연구팀이 체계적 문헌고찰 검색에 따라 검토해 정리한 한국 트랜스젠더 건강 관련 논문은 총 32편이었다.(그림 1) 논문의 대부분은 트랜스젠더의 건강상태를 병원에서 검사하고 수술하는 과정에 대한 임상적 연구였으며, 그 밖의 비임상적 연구는 사회적 건강 연구로 분류했다. 사회적 건강 연구는 트랜스젠더의 의료접근성과 기타 주제를 다루었다.

이 글은 《보건과 사회과학》(제 36집)에 실린 <한국 성소수자 건강 연구: 체계적 문헌고찰>(이혜민, 박주영, 김승섭, 2014)에 제시된 내용 중 트랜스젠더 인구 집단의 건강에 대한 내용을 수정, 보완했다.

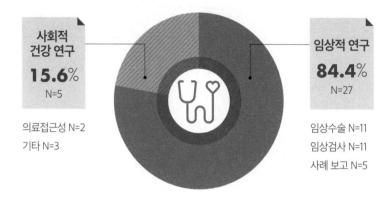

그림 1 | 한국 트랜스젠더 건강 연구 분포(2017년, 총 32편)

사회적
건강 연구
15.6%
N=5

의료접근성 N=2
기타 N=3

임상적 연구
84.4%
N=27

임상수술 N=11
임상검사 N=11
사례 보고 N=5

트랜스젠더 임상 논문

검색된 32편 논문 중 임상적 연구는 총 27편(84.4%)이며, 이 연구들은 임상수술, 임상검사, 임상 사례 보고의 3가지 유형으로 분류할 수 있었다.(표 17) 그중 트랜스젠더의 의료적 트랜지션 관련 임상수술과 임상검사 연구가 각각 11편(40.7%)으로 가장 많았다. 임상수술 연구는 대부분 트랜스젠더의 성기성형수술 방법, 수술 후 분석 등을 주제로 했으며, 2000년대 초반에 발표된 임상수술 연구들은 성전환 수술뿐 아니라, 미용성형수술[3]도 다루었다. 임상검사 연구들은 주로 트랜스젠더의 정신과적 검사와 호르몬 투여 및 성전환 수술 이후의 검사 등을 다루었다. 나머지 5편(18.5%)은 트랜스젠더를 대상으로 한 부검[4] 또는 전기경련 치료[5] 등 각 사례를 관찰하거나 치료해 간단한 문헌고찰과 함께 보고하는 형식의 임상 사례 보고 연구였다. 임상적

표 17 | 한국 트랜스젠더에 대한 임상적 건강 연구(1989~2017년, 총 27편)

No.	논문 제목	저자	발표 연도	연구 참여자 수	연구 주제
1	성전환증 치험례	김태연 등	1989	5	사례 보고
2	성전환증(Male-to-Female)환자의 질성형술	김석권 등	1991	4	임상수술
3	성전환증의 진단 및 치료	최병무	1993	.	임상검사
4	성전환증 환자에 대한 임상적 연구	정영인 등	1993	22	임상검사
5	남성 성전환증 1례의 정신역동적 접근	이길홍 등	1994	1	사례 보고
6	Use of a Penile Prosthesis after Transsexual Phalloplasty	Suh, Jung Mo, et al.	1994	1	임상수술
7	성전환증 환자의 술후 분석	박정민 등	1996	22	임상수술
8	성전환증 환자에서 개선된 음경음낭 반전 피판술을 이용한 질성형	김양순 등	1996	18	임상수술
9	Estrogen 장기치료 후 성전환증 환자 음경의 해부·조직학적 변화	김주헌 등	1998	14	임상검사
10	성전환증에서 음경 및 고환피판을 이용한 질성형술	이내호 등	1998	28	임상수술
11	성전환증 환자에서 Estrogen 장기투여 후 고환의 해부·조직학적 변화	박정민 등	2000	14	임상검사
12	성전환자의 호르몬 관리	박남철	2001	.	임상검사
13	성전환증에서 음경 및 음낭피판을 이용한 질성형술	김영환 등	2001	.	임상수술
14	성전환자를 위한 미용성형 수술	김석권	2001	.	임상수술
15	성전환 환자의 질성형술	정병하	2001	.	임상수술
16	성정위술 자원자의 정신과적 면담 및 MMPI 반응분석	류설영 등	2002	134	임상검사
17	성전환 수술	권용원	2002	.	임상수술
18	An Autopsy Case of a Transsexual Woman	Han, Ki-Hwan, et al.	2003	1	사례 보고
19	The Histologic Features of the Uterus and Adnexa Extirpated from Gender Identity Disorder Patients with Depot Androgen Injection	Byun, Jae Chun, et al.	2005	16	임상검사
20	Hormonal Analysis of Female Transgender Patients Performed Gender Reassignment Operation	Park, Jung Min, et al.	2005	.	임상검사
21	동성애와 성 정체감 장애의 정신병리 특성 비교	박기환	2005	45	임상검사
22	성주체성장애 환자의 정신의학적 분석	김석권 등	2007	40	임상검사
23	The Necessary & Method of Scrotoplasty in Female to Male Transgender	Kim, Seok Kwun, et al.	2009	13	임상수술
24	Brain Activation in Response to Visually Evoked Sexual Arousal in Male-to-Female Transsexuals: 3.0 Tesla Functional Magnetic Resonance Imaging	Oh, Seok-Kyun, et al.	2012	9	임상검사
25	자살사고와 중증 기분조절 장애를 가진 성불쾌감환자에서의 전기경련치료 1예	김재홍 등	2014	1	사례 보고
26	Pelvic Inflammatory Disease in a Male-to-female Transsexual	Kim, Hyun Jong	2015	1	사례 보고
27	Is Rectosigmoid Vaginoplasty Still Useful?	Kim, Seok Kwun, et al.	2017	44	임상수술

연구를 연도별로 살펴보면, 총 27편 중 13편(48.1%)이 2000~2009년에 발표되었으며,[3, 4, 6-16] 2010년 이후로 관련 연구의 수는 감소하고 있는 추세다.

특히, 병원에서 진행된 임상검사에 대한 연구 중 2편은 트랜스젠더 참여자의 정신 건강 결과를 수술 전과 후로 나누어 분석하거나[15] 동성애자의 정신 건강과 비교한 연구[16]였다. 그중 1편은 벡(Beck)의 우울 증상 평가 척도와 모즐리(Maudsley)의 강박증 척도 등을 활용해, 연구에 참여한 트랜스젠더 40명의 정신 건강과 삶의 질을 성전환 수술 전·후로 비교했다.[15] 트랜스젠더 참여자는 불안과 우울을 포함한 모든 심리상태에서 정상 범주에 속하는 것으로 나타났다. 더 나아가 정신 건강 결과를 성전환 수술 전·후로 비교했을 때, 수술 이후에 참여자들의 삶의 질이 향상되었고 심리상태가 안정되는 것으로 보고되었다.

나머지 1편은 병역과 관련해 신경정신과적 진단서를 발급받은 적이 있는 동성애자 15명과 트랜스여성 30명의 정신의학적 특성을 비교한 연구였다.[16] 이 연구에서는 두 집단 간 정신의학적 특징에 차이가 있는지 살펴보기 위해 로르샤하 검사(Rorschach test)와 인물화 검사 등을 활용했다. 연구 결과, 공감능력이나 사회적 지각능력 등 일부 영역에서 동성애자와 트랜스젠더의 점수가 낮게 나타났으며, 특히 동성애자 집단은 상당한 수준의 우울 증상을 경험하고 있었다. 그러나 동성애자와 트랜스젠더 참여자들은 전반적인 지각적 정확성과 자아를 지각하는 능력 등의 영역에서 뚜렷한 정신의학적 특징을 보이지 않았으며, 두 집단 간 차이도 나타나지 않았다.

트랜스젠더 사회적 건강 논문

트랜스젠더 건강 관련 연구 중 사회적 건강 연구는 총 5편(15.6%)이
었다.(표 18) 시기별로 살펴봤을 때, 5편의 연구 모두 2005년 이후에
발표되었다. 연구방법에 따라 분류하면, 특정 주제에 대해 발표된
논문들의 내용을 검토하고 정리한 종설(Review) 연구 3편[17-19]과 양적
연구 1편,[20] 질적 연구 1편[21]이었다. 주제별로는 의료접근성 관련 연
구가 2편[19, 21]이었고, 나머지 3편은 기타 주제[17, 18, 20]로 분류되었다.

의료접근성에 대한 2편의 논문 중 1편은 트랜스젠더의 의료
접근성과 관련해 해외에서 진행된 논의를 소개하고, 더 나아가 트랜

표 18 | 한국 트랜스젠더에 대한 사회적 건강 연구(2005~2017년, 총 5편)

| No. | 논문 제목 | 저자 | 발표 연도 | 연구 방법 | 연구 참여자 | | 내용 |
					트랜스젠더	비트랜스젠더	
1	한국 트랜스젠더 의료접근성에 대한 시론	이호림 등	2015	종설	0	0	의료 접근성
2	트랜스젠더의 의료적 트랜지션과 의료서비스 이용: 사회적 낙인과 의료적 주변화	손인서 등	2017	질적	15 (100%)	0	의료 접근성
3	성주체성 문제 혹은 동성애적 성향을 보이는 청소년들의 자아 존중감과 성 개방성	이영식 등	2005	양적	58 (3.3%)	1,690	기타 주제
4	성전환여성(남성에서 여성)을 위한 건강관리	김태희 등	2013	종설	0	0	기타 주제
5	성전환 수술의 역사적 배경 및 국내 현황	김진홍	2014	종설	0	0	기타 주제

스젠더의 의료적 트랜지션에 대한 의료보장과 의학 교육에 대해 정리했다.[19] 다른 1편의 논문은 트랜스젠더 15명의 심층 인터뷰 데이터를 분석한 질적 연구였다. 이 연구는 트랜스젠더에 대한 사회적 낙인으로 인해 참여자들이 의료적 트랜지션과 관련한 의료서비스를 이용할 때 부정적인 경험을 하고, 이로 인해 의료서비스 이용 과정에서 주변화되고 있음을 파악했다.[21]

기타 주제로 분류된 3편의 논문 중 1편은 서울 지역에 거주하는 중·고등학생 1,748명을 대상으로, 동성애자와 트랜스젠더의 자아존중감과 성 개방성을 비교한 연구였다.[20] 이 연구에서 참여자의 성적지향은 킨제이(Kinsey) 척도를 통해 측정했고, 성별정체성은 정신 질환 진단 및 통계 편람(DSM-IV-TR)에 제시된 성주체성장애 진단 기준을 수정해 활용했다. 총 1,748명의 청소년 중 성주체성장애 진단 기준에 제시된 "반대의 성이 되고 싶다"를 포함한 8개 항목 중 5개 이상에 "예"라고 응답한 이들은 1.3%인 것으로 보고되었다. 참여자의 성별(남·여)과 연령(중학생·고등학생)에 따라 분석한 결과, 트랜스젠더 청소년은 비트랜스젠더 청소년에 비해 자아존중감이 낮은 것으로 나타났으며, 성 개방성은 트랜스젠더 청소년 중에서도 성별이 여성이라고 응답한 중학생에서만 높게 나타났다.

다른 1편은 2013년 대한폐경학회에 발표된 트랜스여성의 건강 관리에 대한 종설 연구[17]였다. 이 논문은 트랜스젠더 관련 용어와 트랜스여성의 건강관리 방법, 호르몬 치료 시 주의할 사항 등을 포함하고 있다. 특히, 이 연구는 미국 샌프란시스코의 트랜스젠더 건강센터(The Center of Excellence for Transgender Health)에서 발간한 가이드라인에서 호르몬제 종류와 여성화 호르몬을 투여하면서 나타나는 신체적, 감정적 그리고 성적 변화에 대한 설명을 번역해 소개했다.

나머지 1편은 성전환 수술의 역사적 배경을 소개하고, 트랜스남성과 트랜스여성의 의료적 트랜지션 과정을 정리한 연구[18]였다. 특히 트랜지션 관련 진료 지침과 진료 현황에 대해서도 제시하고 있는데, 진료 지침과 관련해서는 세계 트랜스젠더 보건의료 전문가 협회의 건강관리실무표준 제7판(Standards of Care for the Health of Transsexual, Transgender, and Gender Nonconforming People)을 간략하게 소개하고 있다. 국내에서도 건강관리실무표준 제3판을 바탕으로 1990년 대한비뇨기과학회에서 성전환 수술 관련 진료 지침을 제안한 적 있지만, 이 연구는 그 이후에 개정 작업이 진행되지 않았다는 점을 지적했다.

트랜스젠더 국가기관·사회단체 건강 보고서

국내에서 발표된 트랜스젠더 건강에 대한 학술 연구와 함께 성소수자 관련 연구보고서를 추가로 검토했다. 연구팀은 트랜스젠더를 대상으로 연구를 진행한 보고서 4편을 찾았으며, 그 보고서의 발행연도와 제목은 2005년 '국가인권정책기본계획 수립을 위한 성적소수자 인권 기초현황조사',[22] 2006년 '성전환자 인권실태조사 보고서',[23] 2014년 '한국 LGBTI 커뮤니티 사회적 욕구조사 보고서',[24]

표 19 | 한국 트랜스젠더 건강 보고서(2006~2017년, 총 4편)

No.	보고서 제목	발표 년도	연구 수행 기관	연구 방법	연구 참여자	
					트랜스젠더	연령
1	국가인권정책기본계획 수립을 위한 성적소수 자 인권 기초현황조사	2005	조여울 외 (국가인권위원회 용역)	문헌 연구 (법·제도)· 사례조사	·	·
2	성전환자 인권실태조사 보고서	2006	성전환자 인권실태조사 기획단	문헌 연구 설문조사 인터뷰	78명 (설문조사) 38명(인터뷰)	10대~50대 이상
3	한국 LGBTI 커뮤니티 사회적 욕구조사 보고서	2014	성적지향·성별정체성 (SOGI) 법정책연구회	설문조사 인터뷰	233명 (설문조사) 16명(인터뷰)	12세~61세
4	성적지향·성별정체성 에 따른 차별 실태조사	2014	공익인권법재단 공감 (국가인권위원회 용역)	문헌 연구 설문조사	90명 (설문조사)	19세~45세 이상

2014년 '성적지향·성별정체성에 따른 차별 실태조사'다.(표 19)[25] 4편의 보고서 중 국가인권위원회의 용역을 받아 진행된 2편[22, 25]을 제외한 나머지 2편은 국가 기관이 아닌 성소수자 커뮤니티에서 자 체적으로 계획해 수행한 연구였다.

⊙ 국가인권정책기본계획 수립을 위한 성적소수자 인권
   기초현황조사[22]: 국가 기관에서 수행한
   최초의 성소수자 기초 연구

국가인권위원회의 연구용역을 받아 2005년 진행된 이 연구는 국가 인권정책 기본계획을 수립하기 위해 성소수자 관련 기초현황을 조 사한 최초의 연구다. 주로 성소수자에게 차별적인 환경과 성소수자   111

대상 범죄 및 인권침해, 가족구성권, 교육, 노동을 주제로 하여 국내 사례를 살펴보고, 해외의 사례들을 분석해 국내 법·제도의 개선 방안에 대해서 제안했다. 성소수자 중에서도 동성애자를 중점적으로 다루었기 때문에, 트랜스젠더에 대한 내용이 제한적으로 제시되어 있다. 트랜스젠더의 인권과 관련한 정책적 대안으로 성전환 수술에 대한 국민건강보험의 적용과 트랜스젠더를 위한 전문 의료 기관의 지정 운영에 대해 간략하게 서술했다.

⊙ 성전환자 인권실태조사 보고서[23]:
  국내 최초의 트랜스젠더 설문조사

2006년 수행된 '성전환자 인권실태조사'는 한국에서 트랜스젠더 인구 집단을 대상으로 수행한 최초의 연구로 알려져 있으며, 심층 인터뷰와 설문조사를 동시에 진행했다. 심층 인터뷰는 총 38명의 트랜스젠더(트랜스여성 16명, 트랜스남성 22명)를 대상으로 했으며, 참여자의 연령은 20세부터 60세까지였다. 인터뷰에서는 주로 참여자의 아동기와 청소년기의 경험, 의학적 조치, 공중화장실과 같이 성별에 따라 구별된 공간과 일터에서의 경험, 군대 및 가족 관계 등에 대해 질문했다. 설문조사에는 40명의 트랜스여성과 38명의 트랜스남성, 총 78명의 트랜스젠더가 참여했다. 연구 참여자의 나이는 19세에서 60세까지였으며, 그중 20대~30대가 45명으로 57.7%를 차지했다. 이 설문조사를 통해 인구학적 정보와 의학적 조치, 법적 성별정정, 사회적 관계 및 경험, 삶의 만족도 등에 대해서 알아보았다.

표 20 | 한국 트랜스젠더가 필요하다고 생각하는 사회 정책(2006년, N=78)

중복응답 가능

희망하는 국가의 정책 및 지원안	응답자 수(명)	비율(%)
성별변경에 대한 법안 마련	53	67.9
성전환 수술을 위한 국민건강보험의 적용	38	48.7
성적취향이나 성별정체성으로 인한 차별금지법 제정	16	20.5
자립지원	14	17.9
단일한 의료체계의 확립과 기초의료가이드라인의 설정	9	11.5
생계보장	9	11.5
성별정체성과 관련한 지속적 상담기관과 제도의 마련	8	10.3
사회기관이나 기업체에서의 무리한 주민등록증 요구에 대한 제재	4	5.1
한국 사회의 트랜스젠더 실태보고	2	2.6
기타	2	2.6

이 보고서는 의료적 트랜지션 중 호르몬 투여와 성전환 수술에 대한 참여자들의 정보가 제시된 최초의 연구라는 점에서 중요한 의미를 갖는다. 설문조사에 참여한 78명의 트랜스젠더 중 52명(66.7%)이 조사 당시 호르몬을 투여하고 있었으며, 이들 중 대부분은 법적 성별정정을 염두에 두고 있었다. 호르몬 투여를 하고 있지 않은 응답자 21명 중에서도 12명(57.1%)이 추후에 호르몬을 투여할 계획을 가지고 있다고 보고했다. 호르몬 투여에 드는 비용은 평균 월 4만 원 정도였으며, 응답자들은 평균 5년 5개월 정도의 기간 동안 호르몬을 투여하고 있었다.

성전환 수술의 경우, 트랜스여성 39명 중 28명(71.8%), 트랜스남성 38명 중 13명(34.2%)이 가슴 수술, 난소·정소 제거 수술, 성기형

113

성 수술, 얼굴성형수술 중 한 가지 이상의 수술을 받았다고 응답했다. 수술에 드는 비용은 가슴 수술의 경우 평균 503만 원, 난소·정소 제거 수술의 경우 평균 333만 원, 성기형성 수술은 평균 1,390만 원 정도로 파악되었다. 앞서 제시한 수술이 아닌, 얼굴성형 및 목소리성형수술과 같은 기타 수술에도 평균적으로 892만 원의 비용이 들었던 것으로 나타났다. 당시 성전환 수술 경험이 있는 응답자 42명 중 30명(71.4%)이 이미 받은 성전환 수술 외에 "또 다른 수술을 계획하고 있다"고 답했으며,[26] 성전환 수술 계획에 대한 질문에 응답한 53명 중에서도 42명(79.2%)이 "성전환 수술을 계획하고 있다"고 보고했다. 이를 통해 트랜스젠더 참여자의 호르몬 투여 및 성전환 수술에 대한 의료적 욕구가 높은 것을 알 수 있다.

연구에서는 트랜스젠더와 관련해 필요한 사회 정책에 대해서도 당사자들에게 물었다.(표 20) 총 78명의 참여자 중 가장 많은 이들이 "(법적) 성별변경에 대한 법안 마련"(53명, 67.9%)이라고 답했다. 직장 등 사회생활을 하고자 하는 트랜스젠더는 주민등록증과 같은 공식 문서의 성별과 본인의 성별정체성을 일치시키기 위해 법적 성별 정정이 필요하다. 그러나 아직까지 한국에서 트랜스젠더의 법적 성별정정을 위한 법률이 제정되지 않았으며, 「성전환자의 성별정정허가신청사건 등 사무처리지침」(가족관계등록예규 제 435호)을 기준으로 해당 법원의 판단에만 의존하고 있다.[27] 다음으로 38명의 응답자가 "성전환 수술을 위한 국민건강보험의 적용"(48.7%)을 희망하는 것으로 나타났다. 법적인 성별이 정정되지 않은 상태에서 트랜스젠더는

표 21 | 한국 트랜스젠더가 법적 성별정정을 신청하고 준비할 때 느끼는 부담감
(2014년, N=233)

한 사람이 선택할 수 있는 보기는 최대 3개

내용	응답자 수(명)	비율(%)
외부 성기 수술을 받지 않은 점	124	53.2
부모 동의서를 받을 수 없는 점	78	33.5
서류를 작성하고 준비하는 것이 어려운 점	75	32.2
생식능력 제거 수술을 받지 않은 점	66	28.3
어떻게 신청해야 하는지 모름	56	24.0
정신과 진단서가 없는 점	48	20.6
미성년자인 점	37	15.9
호르몬 확인서가 없는 점	23	9.9
인우 보증서를 받을 수 없는 점	11	4.7
빚이 있는 점	10	4.3
혼인 중인 점	3	1.3
미성년 자녀가 있는 점	2	0.9
전과가 있는 점	1	0.4
기타	26	11.2

안정적인 일자리를 갖기 어려우며, 이러한 상황에서 호르몬 투여나 성전환 수술 비용을 혼자서 마련하는 것은 쉽지 않다. 그렇기 때문에 많은 이들이 성전환 관련 의료적 조치가 건강보험으로 보장되었으면 하는 바람을 가지고 있었다.

⊙ 한국 LGBTI 커뮤니티 사회적 욕구조사 보고서[24, 28]:
국내 최대 규모의 성소수자 설문조사

2014년 진행된 '한국 LGBTI 사회적 욕구조사'는 트랜스젠더를 포

함해 게이, 레즈비언, 바이섹슈얼, 간성 응답자들이 참여한 국내 최대 규모의 성소수자 연구다. 이 연구는 심층 인터뷰와 설문조사로 진행되었으며, 각각 31명과 3,159명의 성소수자가 참여했다. 설문조사에는 의료적 트랜지션과 법적 성별변경, 연애 및 가족, 사회적 환경, 온·오프라인 커뮤니티 등에 대한 문항이 포함되었다. 특히, 이 연구는 정부의 지원 없이 성소수자 커뮤니티 내에서 모금한 비용으로 조사를 진행했다는 점에서 큰 의미를 가진다.

이 설문조사에 참여한 트랜스젠더는 트랜스여성 83명과 트랜스남성 116명, 기타로 분류된 논바이너리 트랜스젠더 34명을 포함하여 총 233명이다. 참여자의 연령대는 20세~29세가 51%였고, 응답자의 50% 이상이 서울 및 경기 지역에 거주하고 있었다. 조사에 참여한 트랜스젠더 중 많은 이들이 의료적 조치를 받은 적이 있거나 현재 받고 있다고 응답했다. 총 233명 중 103명(44.2%)이 성주체성장애 또는 성전환증에 대한 정신과 진단을 받았고, 105명(45.1%)이 호르몬 요법을 받아 본 적이 있거나 현재 호르몬 투여를 하고 있다고 보고했다. 성전환과 관련된 외과적 수술의 경우에도 60명(25.8%)의 응답자가 경험이 있다고 응답했다.

이 보고서는 한국에서 트랜스젠더가 의료적 트랜지션을 받을 때 마주하는 가장 큰 어려움이 경제적인 부담임을 보여 준다. 총 143명의 응답자 중 51명(35.7%)이 경제적인 이유로 호르몬 투여를 하지 않고 있거나 중단한 적이 있다고 답했으며, 173명 중 105명(60.7%)이 같은 이유로 성전환 수술을 받지 않았다고 응답했다.

이 보고서에서 의료적 트랜지션과 더불어 중요하게 살펴볼 또 다른 결과는 법적 성별정정과 관련한 내용이다. 법적으로 성별을 정정하고자 하는 트랜스젠더에게 성전환 수술 여부는 아직까지 중요한 요건 중 하나인데, 총 233명 중 124명(53.2%)이 "외부 성기 수술을 받지 않은 점" 때문에 성별정정을 준비하는 것이 부담스럽다고 보고했다.(표 21) 뿐만 아니라, "생식능력 제거 수술을 받지 않은 점"(28.3%) 역시 많은 응답자들이 부담으로 느끼는 지점이었다. 이와 관련해서 해당 보고서에서는 모든 트랜스젠더가 의료적 트랜지션을 원하는 게 아님에도 불구하고, 법적인 성별을 정정하려고 할 때 외부 성기 수술 같은 성전환 수술을 받았는지 확인하는 것은 트랜스젠더에게 사실상 국가가 수술을 강제하는 것이라고 지적했다.

⊙ 성적지향·성별정체성에 따른 차별 실태조사[25]: 국가 기관에서 진행한 성소수자 차별 연구

'성적지향·성별정체성에 따른 차별 실태조사'는 국가인권위원회의 용역을 받아 2014년에 수행되었다. 이 연구는 한국 사회 전반에서 드러나는 성적지향·성별정체성에 기반한 차별의 실태를 파악하고, 이를 바탕으로 성소수자의 인권을 증진시키기 위한 정책적 대안을 모색하기 위해 진행되었다. 실태조사에 참여한 트랜스젠더는 트랜스여성 40명과 트랜스남성 50명을 포함한 총 90명이었고, 그중 57명(63.3%)이 20대였다. 앞서 제시한 두 연구와 달리, 이 연구는 학교에서 일어나는 차별과 괴롭힘 등을 조사하기 위해 청소년 성소수자

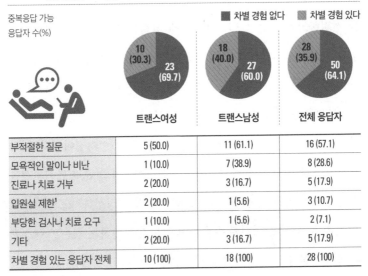

표 22 | 한국 트랜스젠더가 최근 5년간 일반 건강 문제로 의료 기관 방문 시 겪은 차별 경험(2017년)

중복응답 가능
응답자 수(%)

■ 차별 경험 없다   ■ 차별 경험 있다

트랜스여성: 10 (30.3) / 23 (69.7)
트랜스남성: 18 (40.0) / 27 (60.0)
전체 응답자: 28 (35.9) / 50 (64.1)

	트랜스여성	트랜스남성	전체 응답자
부적절한 질문	5 (50.0)	11 (61.1)	16 (57.1)
모욕적인 말이나 비난	1 (10.0)	7 (38.9)	8 (28.6)
진료나 치료 거부	2 (20.0)	3 (16.7)	5 (17.9)
입원실 제한¹	2 (20.0)	1 (5.6)	3 (10.7)
부당한 검사나 치료 요구	1 (10.0)	1 (5.6)	2 (7.1)
기타	2 (20.0)	3 (16.7)	5 (17.9)
차별 경험 있는 응답자 전체	10 (100)	18 (100)	28 (100)

1 성별정체성에 맞는 병실에 입원시켜주지 않았다(예. 1인실 사용 강요).

200명과 교사 100명을 대상으로 별도의 설문조사를 진행했다. 청소년 성소수자 200명 중 트랜스젠더는 총 31명(트랜스여성 4명, 트랜스남성 11명, 논바이너리 트랜스젠더 16명)이었다. 설문조사에는 청소년 성소수자 참여자에게 호르몬 조치나 성전환 수술을 진행하고 있는지 물어보는 항목이 포함되어 있었지만, 보고서에는 관련 결과가 제시되어 있지 않았다.

성인 트랜스젠더 90명을 대상으로 한 설문조사에서는 주로 구직활동 및 직장, 의료 기관, 행정 기관, 군대 및 종교 기관 등에서

표 23 | 한국 트랜스젠더가 최근 5년간 트랜지션 관련 의료적 조치로
의료 기관 방문 시 겪은 차별 경험(2017년)

중복응답 가능
응답자 수(%)

■ 차별 경험 없다　■ 차별 경험 있다

	트랜스여성	트랜스남성	전체 응답자
성전환과 관련된 의료적 조치에 대해 건강보험 적용을 받지 못함	16 (64.0)	20 (76.9)	36 (70.6)
의사 등 의료인이 성전환과 관련된 의료적 조치에 관한 지식이 부족해 다른 병원을 알아봄	15 (60.0)	13 (50.0)	28 (54.9)
의료인/직원/기관 측으로부터 성전환 관련 상담, 진단, 의료 조치를 거부당함	5 (20.0)	5 (19.2)	10 (19.6)
(성인일 때)성전환 관련 수술 시, 부모의 동의서를 요구받음	4 (16.0)	6 (23.1)	10 (19.6)
기타	3 (12.0)	1 (3.8)	4 (7.8)
차별 경험 있는 응답자 전체	25 (100)	26 (100)	51 (100)

일어나는 차별에 대해 조사했다. 그중 의료적 트랜지션에 대한 질문은 직장생활과 연관되어 제시되어 있었으며, 실제로 성전환 수술을 받은 트랜스젠더 35명 중 수술을 위해 직장을 그만둔 참여자는 14명(40.0%)이었다. 한국에서 트랜스젠더인 직원이 성전환 수술을 받는 동안 회사에서 의료적 트랜지션과 관련한 지원을 제공하는 곳이 거의 드물기 때문이다. 향후 성전환 수술을 받는 트랜스젠더 직원에게 유급 휴가를 제공하는 등 기업차원의 지원 정책이 수립되어야 할 것으로 보인다.

성인 트랜스젠더 90명에게 의료 기관을 이용할 때 트랜스젠더가 경험할 수 있는 차별에 대해 별도로 질문했다.(표 22) 전체 트랜스젠더 참여자 90명 중 78명(86.7%)이 최근 5년 동안 감기나 복통 등 일반적인 증상으로 의료 기관을 이용한 경험이 있었고, 그중 의료 기관에서 차별을 경험한 응답자는 28명(35.9%)이었다. 28명 중 의료 기관에서 의료인이나 병원 직원으로부터 "부적절한 질문"을 받은 이들이 16명(57.1%)으로 가장 많았으며, 그 외에도 "모욕적인 말이나 비난"을 경험하거나 "진료나 치료 거부"를 당한 경우는 각각 8명(28.6%)과 5명(17.9%)이었다.

의료적 트랜지션을 받기 위해 찾아간 의료 기관에서도 차별을 경험한 참여자는 의료기관에 방문한 적 있는 71명 중 51명(71.8%)이었다.(표 23) 감기나 복통 등 일상적인 증상으로 의료 기관에 찾아갔을 때(28명)보다 의료적 트랜지션을 위해 방문(51명)한 병원에서 더 많은 이들이 차별을 경험하고 있었다. 51명 중 36명(70.6%)이 "성전환 관련 의료적 조치에 대해 건강보험 적용을 받지 못"했다고 응답했다. 이 외에도 28명(54.9%)이 "의료인이 성전환 관련 의료적 조치에 관한 지식이 부족해 다른 병원을 알아"본 경험을 가지고 있으며, 10명(19.6%)이 "의료인/직원/기관 측으로부터 성전환 관련 의료적 조치를 거부당"한 적이 있다고 응답했다. 이 실태조사를 통해 트랜스젠더 참여자들은 일상적으로 찾아간 의료 기관뿐 아니라, 의료적 트랜지션을 받기 위해 찾아간 의료 기관에서도 다양한 차별을 경험하고 있는 것을 파악할 수 있었다.

트랜스젠더 건강 연구의 한계와 제언

체계적 문헌고찰을 진행한 결과, 트랜스젠더 건강을 다룬 기존 논문에서 발견된 한계는 다음과 같다. 첫째, 트랜스젠더의 건강을 다룬 모든 연구를 검색하여 검토했음에도 불구하고, 관련 연구는 논문 32편과 보고서 4편으로 총 36편에 불과했다. 이는 한국 보건의료 분야의 연구자들이 트랜스젠더의 건강에 대한 관심이 부족함을 시사한다. 1980년부터 1999년까지 영어로 발표된 성소수자의 건강 관련 논문을 검토한 연구에서 트랜스젠더 인구 집단을 다룬 논문은 총 3,777편 중 346편(9.2%)이었으며, 트랜스젠더 건강 연구의 수는 연도별로 계속해서 증가하는 경향을 보였다.[29] 이를 고려할 때, 한국에서 진행된 트랜스젠더의 건강 연구의 수는 부족한 수준이다.

둘째, 연구에 참여한 트랜스젠더 응답자의 수를 살펴보면 2편의 연구[14, 24]를 제외하고는 모두 100명 미만이었다. 이는 국가 차원에서 성소수자, 특히 트랜스젠더 건강 관련 연구가 수행된 적이 없다는 점과 밀접하게 닿아 있다. 현재 미국[30]과 호주[31]에서는 국가 단위의 설문조사에서 성별정체성을 측정하고 있으며, 영국[32]과 같은 나라에서는 국가 단위의 통계에 성별정체성 문항을 포함하는 것을 고려하고 있다. 그러나 한국에서 수행되는 국가 수준의 설문조사에서 응답자의 성별정체성에 대한 문항이 포함된 적은 없다. 향후 한국에서 국가 수준의 트랜스젠더 건강조사를 진행하기 위해서는 트랜스젠더 인구 규모 측정에 대한 방법론적 연구[33, 34]와 더불어 성별정체성 문항을 포함시킨 국외 설문조사들을 비교하고 평가하는 연구[35, 36]가 선행될 필요가 있다.

셋째, 이 글에서 검토한 트랜스젠더 건강 관련 모든 논문들은 특정 시점에 위험요인에 노출되었는지와 질병을 가지고 있는지를 동시에 측정한 단면 연구(Cross-sectional study)로 진행되었다. 단면 연구는 위험요인에의 노출과 질병 여부를 동시에 측정하기 때문에 원인과 결과 사이의 시간적 선후관계를 파악하기 어렵다는 단점을 가진다. 이러한 단점을 보완하기 위해 같은 사람을 추적 관찰하는 코호트 연구(Cohort study)가 필요하다. 코호트 연구를 통해, 동일한 연구 참여자를 대상으로 호르몬 투여나 성전환 수술 전·후에 트랜스젠더의 신체적·정신적 건강이 어떻게 변하는지 파악할 수 있다.

덴마크에서 진행된 코호트 연구는 104명의 트랜스젠더(트랜스여성 56명, 트랜스남성 48명)를 1978년부터 2010년까지 30여 년 동안 추적 관찰해, 성전환 수술을 받기 전·후의 건강 상태를 비교했다.[37, 38] 연구 결과, 성전환 수술을 받기 전과 후 참여자들의 심혈관계 질환과 근골격계 질환 등 신체 질환의 유병률과 사망률에는 큰 차이가 없었지만,[38] 성전환 수술을 받은 이후 정신 질환의 유병율은 이전보다 줄어드는 것을 확인했다.[37] 스웨덴의 코호트 연구에서는 성전환 수술을 받은 트랜스젠더를 30년 동안 추적 관찰하여 이들의 사망률 및 정신 질환 발병율을 일반 인구 집단과 비교했다.[39] 연구 결과, 트랜스젠더는 일반 인구 집단에 비해 자살할 가능성이 19.1배, 정신 질환으로 입원할 가능성이 2.8배 더 높은 것을 확인했다.[39] 세 연구를 종합해 보면, 트랜스젠더에게 성전환 수술을 포함한 의료적 트랜지션은 정신 건강에 긍정적인 영향을 준다. 그러나 성전환 수술을 받은 트랜스젠더와 일반 인구 집단을 비교했을 때 트랜스젠더의 정신 질환 유병률과 자살률이 현저히 높다. 이를 통해 트랜스젠더에게는 의료적 트랜지션을 받는 것뿐만 아니라 성전환 수술 이후의 신체적·정신적 돌봄 역시 중요하다는 점을 파악할 수 있었다.

넷째, 국내의 트랜스젠더 건강 연구에서 다루는 주제가 매우 제한적이다. 국내에서 진행된 임상적 연구에서 다루는 주제는 주로 성전환 수술, 호르몬 관리 및 검사 등에 국한되어 있었지만, 국외에서는 트랜스젠더의 건강에 대한 다양한 임상적 연구가 진행되어 왔다. 가령, 트랜스젠더를 대상으로 한 HIV/AIDS[40]와 자궁경부암 검진,[41] 부인과[42] 관련 연구 등이 수행되었다. 뿐만 아니라, 해외에서는 트랜스젠더가 겪는 차별과 낙인 등 부정적인 사회 경험이 이들의 건강에 미치는 영향에 대해서도 많은 연구가 진행되었다. 그러나 국내에서는 아직까지 이러한 주제에 대한 학술적 관심이 부족하다. 자신의 존재를 긍정할 수 없는 한국 사회에서 트랜스젠더의 건강은 앞서 이야기한 차별이나 사회적 지지와 같은 사회적 인자로부터 주요한 영향을 받을 것이 명확하기 때문에 향후 이에 대한 연구가 반드시 수행되어야 한다.

트랜스젠더의 건강에 영향을 미칠 수 있는 사회적 요인 중에서도 특히 의료접근성에 대한 연구가 국내에서 진행될 필요가 있다. 기존 문헌들을 검토한 결과, 한국에서 트랜스젠더의 의료접근성에 대해 살펴본 연구는 단 2편뿐이었다.[19, 21] 외국에서 수행된 연구들은 트랜스젠더가 의료서비스를 이용할 때 자신의 성별정체성을 밝히지 못해서 필요한 정보나 적절한 의료서비스를 제공받지 못할 수도 있고, 본인이 트랜스젠더임을 알린다고 해도 의료진의 부정적인 태도로 인해 의료서비스 제공을 거부당하는 경우가 있다고 밝혔다.[43, 44] 트랜스젠더에게 친화적이지 않은 한국 사회를 고려할 때, 트랜스젠더의 의료서비스 이용 경험과 의료진의 트랜스젠더 진료 경험 등을 주제로 한 연구가 필요하다.

이와 더불어, 트랜스젠더는 의료서비스 이용 시 건강보험과 관련해 제도적 차별을 경험할 수 있다. 트랜스젠더라는 이유로 건강보험 가입을 거부당할 수도 있고, 건강보험에 가입한 경우에도 보장되는 의료서비스가 충분하지 않아 이용이 제한될 수 있다.[43, 45] 한국의 경우, 전 국민이 건강보험의 혜택을 받고 있지만, 현재 호르몬 투여나 성전환 수술 같은 의료적 트랜지션은 건강보험으로 보장되지 않고 있다.[19] 이에 따라 한국에서 트랜스젠더가 의료서비스를 이용할 때 겪는 제도적 장벽에 대한 연구가 필요하다.

마지막으로, 소수의 연구[21, 46, 47]를 제외한 대부분의 논문에서 기관생명윤리위원회(Institutional Review Board)의 평가승인 여부가 명시되지 않았다. 성소수자는 미성년자, 소수 인종 등 '취약한 환경에 있는 피험자(Vulnerable subjects)'에 해당한다. 특히 한국 사회와 같이 성소수자에게 적대적인 환경에서 자신의 정체성을 노출하는 것은

트랜스젠더 개인에게 피해를 줄 수 있기 때문에, 앞으로 진행될 연

구는 피험자를 보호하기 위한 윤리적 사항을 필수적으로 고려해야 한다.

이 글은 한국 트랜스젠더의 건강에 대해 발표된 기존 논문들과 관련 내용을 다룬 보고서를 검토해 현재까지 진행된 연구들의 내용과 주제를 정리하고, 이를 토대로 향후 필요한 연구에 대해 이야기하고자 했다. 성소수자에 대한 비과학적인 편견이 만연해 있는 한국 사회[48, 49]에서 트랜스젠더는 자신의 건강에 악영향을 끼칠 수 있는 다양한 사회적·제도적 차별에 노출되어 있다. 그러나 지금까지 살펴본 바와 같이 트랜스젠더의 건강에 대한 연구는 매우 적으며, 대부분 임상적 연구에만 치중되어 진행되고 있는 상황이다.

성소수자 운동의 오랜 슬로건, '우리는 어디에나 있다(We Are Everywhere)'가 말해 주듯이, 트랜스젠더는 그동안 한국 사회에 계속해서 존재해 왔으며, 앞으로도 존재할 것이다. 한국 사회는 트랜스젠더가 이 사회의 구성원으로서 자긍심을 느낄 수 있도록 트랜스젠더의 인권을 존중하고 보호해야 하며, 적극적으로 트랜스젠더 건강 연구를 수행하여 학술적 근거를 가지고 이들의 건강을 증진시킬 수 있는 사회적·제도적 방안을 마련해야 한다.

트랜스젠더 278명이 경험한
의료 이용 장벽

의료적 트랜지션을 할 때
트랜스젠더는 어떠한 어려움을 겪고 있을까

한국 사회에는 얼마나 많은 트랜스젠더가 살고 있을까? 아직까지
한국에서 국가 단위의 설문조사를 통해 트랜스젠더 인구 규모를 파
악한 적은 한 번도 없다. 그렇기 때문에 우리는 해외 연구에서 제시
한 트랜스젠더 인구 추정치를 참고할 수 있을 뿐이다. 2017년 미국
에서 진행된 한 연구에서는 트랜스젠더의 규모를 인구 10만 명당
390명이라고 밝혔다.[1] 그동안 트랜스젠더 인구 규모를 추정하려

이 글은 《Epidemiology and health》에 실린 <Experiences of and Barriers to Transition-related Healthcare among Korean Transgender Adults: Focus on Gender Identity Disorder Diagnosis, Hormone Therapy, and Sex Reassignment Surgery>(Lee, H., Park, J., Choi, B., Yi, H., Kim, S. S., 2018)의 내용을 수정, 보완했다.

는 여러 연구가 있었지만, 이 연구들이 대표성 문제나 표집방법 등에 한계를 가지고 있었던 데 비해 2017년의 연구는 이를 보완한 결과다. 인구 10만 명당 390명이라는 숫자를 한국 사회에 대입해 보면 어떨까? 이를 2017년 7월 1일 기준, 한국 인구 5,144만 6,201명[2]에 적용하면 한국 트랜스젠더의 인구 규모는 20만 640명으로 추산할 수 있다.

2017년에 발표된 트랜스젠더의 의료 이용에 대한 질적 연구 결과, 국내에 거주하는 트랜스젠더는 개인의 성별위화감을 완화하기 위한 목적뿐만 아니라 법적 성별정정 또는 병역과 같은 사회적 압력 때문에 의료적 트랜지션을 받고 있음을 파악할 수 있었다.[3] 뿐만 아니라, 한국에서 트랜스젠더는 의료적 트랜지션을 하는 과정에서 적절한 정보를 받지 못했고 의료인들에게 진료를 거부당하거나 차별당하는 등 '주변화'되고 있었다.[3] 이와 관련해 트랜스젠더는 어떠한 어려움을 겪고 있는지, 트랜스젠더 중 얼마나 많은 이들이 이런 어려움을 겪고 있는지 파악하고자 연구를 진행하게 되었다.

연구팀은 만 19세 이상 한국 성인 트랜스젠더가 참여한 설문조사를 진행했다. 정신과 진단이나 호르몬 조치, 성전환 수술 중 한 가지 이상을 경험한 트랜스여성과 트랜스남성 그리고 논바이너리 트랜스젠더가 설문조사에 참여했다. 논바이너리 트랜스젠더의 경우 본인의 성별정체성을 여성 또는 남성으로 확고히 정체화하지 않지만, 법적 성별정정이나 병역 문제 등으로 인해 의료적 트랜지션을 받을 수 있기 때문이다. 연구에 참여한 트랜스여성과 트랜스남

표 24 | 트랜스젠더 정체성을 측정하는 2단계 방법[1]

현재 성별정체성	출생 시 법적 성별	
	남성	여성
남성	시스젠더[2]	트랜스남성 범주
여성	트랜스여성 범주	시스젠더
남성 또는 여성으로 정체화하지 않음	트랜스여성 범주	트랜스남성 범주

1 출처: Reisner, S. L., Poteat, T., Keatley, J., Cabral, M., Mothopeng, T., Dunham, E., ... & Baral, S. D., <Global health burden and needs of transgender populations: a review>, «The Lancet», 2016. 388(10042): p.412-436에 제시된 표의 내용을 재구성했다.
2 시스젠더는 출생 시 법적 성별이 현재 성별정체성과 일치하는 비트랜스젠더를 말한다.

성, 논바이너리 트랜스젠더를 출생 시 법적성별에 따라 구분했다. 출생 시 법적성별이 남성인 트랜스여성과 논바이너리 트랜스젠더를 트랜스여성 범주(Trans feminine spectrum)로, 출생 시 법적성별이 여성인 트랜스남성과 논바이너리 트랜스젠더를 트랜스남성 범주(Trans masculine spectrum)로 분류했다.(표 24)

한국의 성인 트랜스젠더가 정신과 진단, 호르몬 요법 및 성전환 수술 등 의료적 트랜지션을 받을 때 겪는 어려움이 무엇인지 파악하기 위해 설문 문항을 만들었다. 추가적으로, 호르몬 조치를 받을 때 병원 처방 없이 호르몬을 구매하는 경우에 대한 질문을 포함했다. 일반적인 건강 문제 때문이든 의료적 트랜지션을 위해서든, 병원에 가서 진료를 받아야 했지만 지난 1년 동안 이를 회피하거나 연기한 적이 있는지도 물었다. 이와 더불어, 의료인으로부터 진료를 거부당한 적이 있는지도 중요했다. 이 질문은 실제로 의료서비스를 받아야 하지만 의료진으로부터의 배제가 두려워 필요한 서비스를 받지 못하고 있는지 알아보는 데 필요했다.

설문조사는 2017년 6월 27일부터 2017년 8월 31일까지 약 2개월 동안 진행되었다. 서울과 대구에서 열린 퀴어문화축제에서 연구를 알리고 홍보하면서 트랜스젠더 참여자를 만날 수 있었다. 트랜스젠더 커뮤니티에서 잘 알려진 서울 소재 의료 기관 네 곳을 통해서도 설문조사를 홍보했고, 온·오프라인 트랜스젠더 커뮤니티 세 곳과 페이스북(Facebook) 및 트위터(Twitter) 등 소셜 네트워크 서비스도 활용했다. 여러 경로를 통해 설문조사에 참여한 트랜스젠더 중 278명의 응답자료를 최종 분석 대상으로 삼았다.

설문조사를 통해 만난 한국의 트랜스젠더

설문조사에 참여한 이들을 성별정체성별로 나누어 보면, 출생 시 법적 성별이 남성인 트랜스여성 범주(트랜스여성과 논바이너리 남성)에 속하는 이들이 173명(62.2%), 출생 시 법적 성별이 여성인 트랜스남성 범주(트랜스남성과 논바이너리 여성)가 105명(37.8%)이었다.(표 25) 전체 응답자 중 19~29세는 218명(78.4%), 30~50세는 60명(21.6%)으로, 20대 참여자들의 비중이 약 80%를 차지했다. 응답자들의 성적지향은 이성애자(129명, 46.4%)가 가장 많았으며, 그다음으로 양성애자(96명, 34.5%), 동성애자(29명, 10.4%), 무성애자(24명, 8.6%) 순이었다. 교육 수준을 살펴보면, 4년제 대학교 재학·중퇴·졸업이 145명(57.1%)으로 가장 높

표 25 | 한국 트랜스젠더의 인구사회학적 특성에 따른 성별정체성 범주 분포(2017년)

		전체 응답자 (N=278)	성별정체성 범주	
			트랜스여성 범주 (N=173)	트랜스남성 범주 (N=105)
		N (%)	N (%)	N (%)
연령(세)	19~29	218 (78.4)	124 (56.9)	94 (43.1)
	30~50	60 (21.6)	49 (81.7)	11 (18.3)
성적 지향	이성애	129 (46.4)	65 (50.4)	64 (49.6)
	동성애	29 (10.4)	24 (82.8)	5 (17.2)
	양성애	96 (34.5)	66 (68.8)	30 (31.3)
	무성애	24 (8.6)	18 (75.0)	6 (25.0)
교육 수준[1]	고등학교 졸업	57 (22.4)	34 (59.7)	23 (40.4)
	2년제 대학 재학·중퇴·졸업	39 (15.4)	25 (64.1)	14 (35.9)
	4년제 대학 재학·중퇴·졸업	145 (57.1)	86 (59.3)	59 (40.7)
	대학원 이상	13 (5.1)	9 (69.2)	4 (30.8)
연평균 가구소득[1]	1,000만원 미만	69 (27.4)	48 (69.6)	21 (30.4)
	1,000만 원~2,000만 원 미만	53 (21.0)	30 (56.6)	23 (43.4)
	2,000만 원~3,000만 원 미만	45 (17.9)	30 (66.7)	15 (33.3)
	3,000만 원~5,000만 원 미만	43 (17.1)	25 (58.1)	18 (41.9)
	5,000만 원 이상	42 (16.7)	21 (50.0)	21 (50.0)
고용 형태[1]	실업 또는 무직	118 (46.6)	69 (58.5)	49 (41.5)
	정규직	45 (17.8)	28 (62.2)	17 (37.8)
	비정규직	78 (30.8)	48 (61.5)	30 (38.5)
	자영업	11 (4.3)	9 (81.8)	2 (18.2)
	무급가족종사자	1 (0.4)	0 (0.0)	1 (100.0)
거주 지역[1]	서울특별시	104 (40.8)	62 (59.6)	42 (40.4)
	광역시[2]	42 (16.5)	26 (61.9)	16 (38.1)
	시·군 지역	109 (42.7)	67 (61.5)	42 (38.5)
설문조사 참여 경로	의료 기관	130 (46.8)	79 (60.8)	51 (39.2)
	퀴어문화축제(서울, 대구)	22 (7.9)	11 (50.0)	11 (50.0)
	온라인·오프라인 성소수자 커뮤니티	126 (45.3)	83 (65.9)	43 (34.1)

1 각 항목별 무응답자 수는 다음과 같다: 교육 수준(N=24), 연평균 가구소득(N=26), 고용 형태(N=25), 거주 지역(N=23)
2 세종특별자치시를 포함했다.

표 26 | 한국 트랜스젠더의 인구사회학적 특성에 따른 의료적 트랜지션 이용률(2017년)

		의료적 트랜지션 이용률					
		성주체성장애 진단 (N=278)		호르몬 요법 (N=276)		성전환 수술 (N=271)	
		정신과 진단을 받은 응답자[3] (N=253)	정신과 진단을 받지 않은 응답자 (N=25)	호르몬 요법을 받은 응답자[4] (N=243)	호르몬 요법을 받지 않은 응답자 (N=33)	성전환 수술을 받은 응답자[5] (N=115)	성전환 수술을 받지 않은 응답자 (N=156)
		N (%)	N (%)	N (%)	N (%)	N (%)	N (%)
성별정체성 범주	트랜스여성 범주	164 (94.8)	9 (5.2)	160 (93.6)	11 (6.4)	57 (33.9)	111 (66.1)
	트랜스남성 범주	89 (84.8)	16 (15.2)	83 (79.0)	22 (21.0)	58 (56.3)	45 (43.7)
연령(세)	19~29	194 (89.0)	24 (11.0)	185 (85.3)	32 (14.7)	90 (41.9)	125 (58.1)
	30~50	59 (98.3)	1 (1.7)	58 (98.3)	1 (1.7)	25 (44.6)	31 (55.4)
성적 지향	이성애	120 (93.0)	9 (7.0)	116 (89.9)	13 (10.1)	68 (54.4)	57 (45.6)
	동성애	24 (82.8)	5 (17.2)	23 (82.1)	5 (17.9)	11 (39.3)	17 (60.7)
	양성애	86 (89.6)	10 (10.4)	83 (87.4)	12 (12.6)	26 (27.7)	68 (72.3)
	무성애	23 (95.8)	1 (4.2)	21 (87.5)	3 (12.5)	10 (41.7)	14 (58.3)
교육 수준[1]	고등학교 졸업	53 (93.0)	4 (7.0)	52 (91.2)	5 (8.8)	19 (33.3)	38 (66.7)
	2년제 대학 재학·중퇴·졸업	35 (89.7)	4 (10.3)	34 (87.2)	5 (12.8)	17 (43.6)	22 (56.4)
	4년제 대학 재학·중퇴·졸업	134 (92.4)	11 (7.6)	128 (88.3)	17 (11.7)	68 (46.9)	77 (53.1)
	대학원 이상	11 (84.6)	2 (15.4)	11 (84.6)	2 (15.4)	4 (30.8)	9 (69.2)
연평균 가구소득[1]	1,000만 원 미만	61 (88.4)	8 (11.6)	58 (84.1)	11 (15.9)	26 (37.7)	43 (62.3)
	1,000만 원~2,000만 원 미만	51 (96.2)	2 (3.8)	51 (96.2)	2 (3.8)	29 (54.7)	24 (45.3)
	2,000만 원~3,000만 원 미만	42 (93.3)	3 (6.7)	41 (91.1)	4 (8.9)	17 (37.8)	28 (62.2)
	3,000만 원~5,000만 원 미만	41 (95.3)	2 (4.7)	38 (88.4)	5 (11.6)	14 (32.6)	29 (67.4)
	5,000만 원 이상	37 (88.1)	5 (11.9)	35 (83.3)	7 (16.7)	22 (52.4)	20 (47.6)
고용 형태[1]	실업 또는 무직	105 (89.0)	13 (11.0)	98 (83.1)	20 (16.9)	54 (45.8)	64 (54.2)
	정규직	42 (93.3)	3 (6.7)	42 (93.3)	3 (6.7)	19 (42.2)	26 (57.8)
	비정규직	74 (94.9)	4 (5.1)	74 (94.9)	4 (5.1)	29 (37.2)	49 (62.8)
	자영업	11 (100.0)	0 (0.0)	11 (100.0)	0 (0.0)	4 (36.4)	7 (63.6)
	무급가족종사자	0 (0.0)	1 (100.0)	0 (0.0)	1 (100.0)	0 (0.0)	1 (100.0)
거주 지역[1]	서울특별시	99 (95.2)	5 (4.8)	96 (92.3)	8 (7.7)	52 (50.0)	52 (50.0)
	광역시[2]	40 (95.2)	2 (4.8)	39 (92.9)	3 (7.1)	21 (50.0)	21 (50.0)
	시·군 지역	95 (87.2)	14 (12.8)	91 (83.5)	18 (16.5)	35 (32.1)	74 (67.9)
설문조사 참여 경로	의료 기관	127 (97.7)	3 (2.3)	123 (94.6)	7 (5.4)	42 (32.6)	87 (67.4)
	퀴어문화축제(서울, 대구)	19 (86.4)	3 (13.6)	17 (77.3)	5 (22.7)	12 (54.5)	10 (45.5)
	온라인·오프라인 성소수자 커뮤니티	107 (84.9)	19 (15.1)	103 (83.1)	21 (16.9)	61 (50.8)	59 (49.2)

1 각 항목별 무응답자 수는 다음과 같다: 교육 수준(N=24), 연평균 가구소득(N=26), 고용 형태(N=25), 거주 지역(N=23).
2 세종특별자치시를 포함했다.
3 성주체성장애 진단을 받은 응답자는 다음과 같다: 교육 수준(N=233), 연평균 가구소득과 고용 형태(N=232), 거주 지역(N=234).
4 호르몬 요법을 받은 응답자는 다음과 같다: 교육 수준(N=225), 연평균 가구소득(N=223), 고용 형태(N=225), 거주 지역(N=226).
5 성전환 수술을 받은 응답자는 다음과 같다: 교육 수준과 연평균 가구소득(N=108), 고용 형태(N=106), 거주 지역(N=108).

은 비율을 차지했으며, 고등학교 졸업 이하(57명, 22.4%), 2년제 대학 재학·중퇴·졸업(39명, 15.4%), 대학원 이상(13명, 5.1%) 순이었다. 연평균 가구소득은 1,000만 원 미만(69명, 27.4%)과 1,000만 원 이상~2,000만원 미만(53명, 21.0%)이 절반 정도를 차지했다. 고용 형태의 경우, 실업 또는 무직(118명, 46.6%)과 비정규직(78명, 30.8%)이 가장 많은 비율로 나타났다. 거주 지역을 살펴보면, 참여자의 절반 이상은 서울특별시(104명, 40.8%)와 광역시(42명, 16.5%)에 거주하고 있었다. 설문조사참여 경로로 트랜스젠더 참여자들은 의료 기관(130명, 46.8%)을 가장 많이 이용했으며, 그다음으로 온·오프라인 성소수자 커뮤니티(126명, 45.3%), 서울 및 대구에서 개최된 퀴어문화축제(22명, 7.9%) 순으로 나타났다.

의료적 트랜지션은 성주체성장애에 대한 정신과 진단과 호르몬 요법, 성전환 수술 여부에 따라 구분해 살펴볼 수 있다. 총 278 명의 트랜스젠더 중 성주체성장애 진단을 받은 참여자는 253명, 호르몬 요법을 현재 받고 있거나 과거에 받은 경험이 있는 참여자는 243명, 한 가지 종류 이상 성전환 수술을 받은 참여자는 115명이었다.(표 26) 성별정체성에 따라 살펴보면, 트랜스여성 범주의 참여자가 트랜스남성 범주의 참여자보다 정신과 진단 및 호르몬 요법을 경험한 비율이 더 높았다. 그러나 성전환 수술 경험은 트랜스여성 범주보다 트랜스남성 범주 응답자에서 더 많은 것으로 나타났다.

한국의 트랜스젠더가
의료적 트랜지션을 할 때 경험한 장벽

⊙ 의료적 트랜지션의 경제적 부담

전체 트랜스젠더 응답자 중 253명(91.0%)이 성주체성장애에 대한 정신과 진단을 받았다고 보고했다.(표 27) 이 결과를 성별정체성에 따라 살펴보면 트랜스여성 범주 173명 중 164명(94.8%), 트랜스남성 범주의 경우 105명 중 89명(84.8%)이 정신과 진단을 받은 경험이 있었다. 정신과 진단을 받지 않은 25명(9.0%)에게 성주체성장애 진단을 받지 않은 이유에 대해 질문했을 때, 약 50%의 참여자가 "경제적 부담 때문에"라고 응답했다(12명, 48.0%). 그 외에 "아직 고민 중이라서"(11명, 44.0%), "현재 당장 진단서가 필요하지 않아서"(11명, 44.0%)를 이유로 정신과 진단을 받지 않았다고 했다. "정신과 진단이 의료기록에 남아서 불이익을 받을까 봐"(9명, 36.0%), "제대로 진단해 주는 정신과를 찾을 수 없어서"(7명, 28.0%), "현재 심리 상담 혹은 정신과 상담을 받고 있는 중이라서"(7명, 28.0%) 등도 정신과 진단을 받지 않은 이유로 제시되었다.

호르몬 요법을 받지 않은 이유도 비슷한 결과를 보였다. 전체 응답자 276명 중 225명(81.5%)이 현재 호르몬 요법을 받고 있었다.(표 28) 이를 성별정체성별로 구분하면, 트랜스여성 범주 171명 중 150명(87.7%), 트랜스남성 범주 105명 중 75명(71.4%)이 현재 호르몬 요법을 받고 있었다. 현재 호르몬 요법을 받고 있지 않은 51명(18.5%)에게 호

표 27 | 한국 트랜스젠더의 성주체성장애 진단 여부와 진단 받지 않은 이유(2017년)

중복응답 가능

전체

91%

받았다 (N=253)

성주체성장애
진단 여부
(N=278)

■ 받았다　▨ 받지 않았다

성별정체성 범주

트랜스여성 범주 (N=173)	트랜스남성 범주 (N=105)
94.8% (N=164)	84.8% (N=89)
5.2% (N=9)	15.2% (N=16)

9% 받지 않았다 (N=25)

성주체성장애 진단을 받지 않은 이유

	이유	트랜스여성 범주	트랜스남성 범주
48% (N=12)	경제적 부담 때문에	44.4% (N=4)	50.0% (N=8)
44% (N=11)	아직 고민 중이라서	22.2% (N=2)	56.3% (N=9)
44% (N=11)	현재 당장 진단서가 필요하지 않아서	33.0% (N=3)	50.0% (N=8)
36% (N=9)	정신과 진단이 의료기록에 남아서 불이익을 받을까 봐	33.0% (N=3)	37.5% (N=6)
28% (N=7)	제대로 진단해 주는 정신과를 찾을 수 없어서	22.2% (N=2)	31.3% (N=5)
28% (N=7)	현재 심리 상담 혹은 정신과 상담을 받고 있는 중이라서	33.3% (N=3)	25.0% (N=4)
16% (N=4)	정신장애로 취급받는 것이 싫어서	33.3% (N=3)	6.3% (N=1)
4% (N=1)	가족, 지인의 반대로	0.0% (N=0)	6.3% (N=1)
0% (N=0)	진단서 발급을 거부당함	0.0% (N=0)	0.0% (N=0)
12% (N=3)	기타	11.1% (N=1)	12.5% (N=2)

표 28 | 한국 트랜스젠더의 호르몬 요법 여부와 투여 받지 않은 이유(2017년)

중복응답 가능

현재 호르몬 요법 여부	분포	성별정체성 범주	
		트랜스여성 범주 (N=171)	트랜스남성 범주 (N=105)
	N (%)	N (%)	N (%)
받고 있다	225 (81.5)	150 (87.7)	75 (71.4)
받고 있지 않다	51 (18.5)	21 (12.3)	30 (28.6)
현재 호르몬 요법을 받고 있지 않은 이유 (N=51)			
경제적 부담 때문에	28 (54.9)	10 (47.6)	18 (60.0)
구직, 직장생활 등 경제적 활동에 어려움이 생길 것 같아서	24 (47.1)	8 (38.1)	16 (53.3)
건강상의 이유 때문에	23 (45.1)	9 (42.9)	14 (46.7)
정신과 진단이 없어서	17 (33.3)	4 (19.0)	13 (43.3)
아직 고민 중이라서	15 (29.4)	2 (9.5)	13 (43.3)
주변 사람들의 눈이 두려워서	13 (25.5)	5 (23.8)	8 (26.7)
가족, 지인의 반대로	8 (15.7)	1 (4.8)	7 (23.3)
갈 수 있는 의료 기관이 없어서	8 (15.7)	3 (14.3)	5 (16.7)
호르몬 조치가 필요하지 않다고 생각해서	7 (13.7)	3 (14.3)	4 (13.3)
성전환 수술을 준비하면서	4 (7.8)	3 (14.3)	1 (3.3)
수술로 외형적인 외모 변화가 다 되어서	3 (5.9)	2 (9.5)	1 (3.3)
생식능력이 저하되기 때문에	2 (3.9)	1 (4.8)	1 (3.3)
기타	10 (19.6)	3 (14.3)	7 (23.3)

르몬 요법을 하지 않거나 중단한 이유를 질문한 결과에도 가장 많은 이들이 비용 부담을 꼽았다. 현재 호르몬 요법을 받고 있지 않은 참여자 중 절반 이상이 "경제적 부담 때문에"(28명, 54.9%), 그다음으로 "구직, 직장생활 등 경제적 활동에 어려움이 생길 것 같아서"(24명, 47.1%)라고 응답했다. 경제적 부담 외에도 참여자들은 "건강상의 이

표 29 | 한국 트랜스젠더의 성전환 수술 여부와 수술 받지 않은 이유(2017년)

중복응답 가능

성전환 수술 여부	분포	성별정체성 범주	
		트랜스여성 범주 (N=168)	트랜스남성 범주 (N=103)
	N (%)	N (%)	N (%)
예	115 (42.4)	57 (33.9)	58 (56.3)
아니오	156 (57.6)	111 (66.1)	45 (43.7)
성전환 수술을 받지 않은 이유 (N=156)			
비용이 부담되어서	122 (78.2)	85 (76.6)	37 (82.2)
나중에 수술을 받고자 하지만, 아직 수술을 받기 위한 준비가 되지 않아서	100 (64.1)	68 (61.3)	32 (71.1)
구직, 직장 생활 등 경제적 활동에 어려움이 생길 것 같아서	57 (36.5)	37 (33.3)	20 (44.4)
가족, 지인의 반대로	39 (25.0)	30 (27.0)	9 (20.0)
수술 과정이 너무 위험해서	36 (23.1)	27 (24.3)	9 (20.0)
주변 사람들의 눈이 두려워서	32 (20.5)	22 (19.8)	10 (22.2)
수술에 필요한 의료적 요건을 맞추지 못해서	27 (17.3)	19 (17.1)	8 (17.8)
만족스러운 성기능을 가질 수 없어서	19 (12.2)	9 (8.1)	10 (22.2)
수술을 받을 수 있는 의료 기관이 없어서	11 (7.1)	6 (5.4)	5 (11.1)
필요하지 않다고 생각하기 때문에	10 (6.4)	5 (4.5)	5 (11.1)
임신이나 출산 등 가족 계획이나 재생산에 문제가 생겨서	7 (4.5)	3 (2.7)	4 (8.9)
수술을 거부당해서	1 (0.6)	1 (0.9)	0 (0.0)
기타	13 (8.3)	10 (9.0)	3 (6.7)

유 때문에"(23명, 45.1%), "정신과 진단이 없어서"(17명, 33.3%), "아직 고민 중이라서"(15명, 29.4%), "주변 사람들의 눈이 두려워서"(13명, 25.5%) 등의 이유로 현재 호르몬 요법을 하고 있지 않은 것으로 나타났다.

성전환 수술의 경우에도 비용이 가장 큰 어려움으로 작용했다. 설문조사에 참여한 트랜스젠더 271명 중 42.4%인 115명이 한 가지 이상의 성전환 관련 외과적 수술을 받은 적이 있었다.(표 29) 성전환 수술을 받은 115명을 성별정체성에 따라 나누어 보니, 168명의 트랜스여성 범주 중 57명(33.9%), 103명의 트랜스남성 범주 중 58명(56.3%)이 어떤 종류이든 성전환 수술 경험이 있었다. 성전환 수술을 전혀 받지 않은 트랜스젠더는 156명(57.6%)이었는데, 이들 중 대다수가 "비용이 부담되어서"(122명, 78.2%) 성전환 수술을 받지 않았다고 밝혀 의료 비용 문제가 가장 큰 장벽임을 알 수 있었다. 성전환 수술을 받지 않은 다른 이유로는 "나중에 수술을 받고자 하지만, 아직 수술을 받기 위한 준비가 되지 않아서"(100명, 64.1%), "구직, 직장 생활 등 경제적 활동에 어려움이 생길 것 같아서"(57명, 36.5%), "가족, 지인의 반대로"(39명, 25.0%), "수술 과정이 너무 위험해서"(36명, 23.1%) 등이 있었다.

종합해 보면, 한국에서 트랜스젠더가 의료적 트랜지션을 받지 못한 가장 큰 이유는 의료적 조치의 비용 문제였다. 성주체성장애 진단을 받지 않은 25명 중 12명(48.0%)이 경제적 부담으로 인해 정신과 진단을 받지 못했고, 호르몬 요법을 받지 않는 51명 중 28명(54.9%)과 성전환 수술을 받지 않은 156명 중 122명(78.2%) 역시 수술을 받지 않은 이유로 비용 부담을 언급했다. 의료적 트랜지션에는 얼마나 많은 비용이 드는 것일까?

연구팀은 트랜스젠더 참여자가 의료적 트랜지션에 지불했던 비용을 추가로 분석했다.(표 30) 성주체성장애 진단을 받기 위해 지불

표 30 | 한국 트랜스젠더의 성주체성장애 진단 비용과 성전환 수술 비용(2017년)

응답자 수(%)

성주체성장애 진단 비용 (N=252)	분포	성별정체성 범주	
		트랜스여성 범주 (N=162)	트랜스남성 범주 (N=89)
	N (%)	N (%)	N (%)
24만 원 이하	42 (16.7)	26 (16.0)	16 (18.0)
25만 원 - 49만 원	170 (67.7)	110 (67.9)	60 (67.4)
50만 원 - 74만 원	22 (8.8)	11 (6.8)	11 (12.4)
75만 원 이상	17 (6.8)	15 (9.3)	2 (2.2)

성전환 수술 (N=115)	분포	성별정체성 범주			
		트랜스여성 범주 (N=57)		트랜스남성 범주 (N=58)	
	N	N	평균 비용 (표준편차)	N	평균 비용 (표준편차)
가슴 수술	71	17	532.4만 원 (443.3)	54	368.5만 원 (146.4)
고환·정소/ 난소·자궁제거 수술	63	21	297.1만 원 (523.8)	42	397.6만 원 (290.1)
성기성형수술	34	27	1514.8만 원 (657.3)	7	2057.1만 원 (1135.6)
안면성형수술	30	27	1159.6만 원 (1048.5)	3	366.7만 원 (57.7)
성대(목소리)성형수술	9	9	655.6만 원 (545.7)	-	-
기타 수술	9	7	132.9만 원 (118.1)	2	100만 원 (0.0)

한 비용을 살펴보면, 참여자 중 가장 많은 이들이 25~49만 원(170명, 67.7%)이라고 밝혔다. 성전환 수술은 가슴, 고환·정소/난소·자궁 제거, 성기성형, 안면성형, 성대(목소리)성형, 기타로 구분했고, 각각의 비용이 다를 수 있다. 성별정체성에 따라 평균적으로 소요되는 비용을 계산한 결과, 비용 부담이 가장 높은 수술은 성기성형수술(트랜스여성 범주: 1514.8만 원, 트랜스남성 범주: 2057.1만 원)이었다.

⊙ 부족한 의료시설과 차별적 태도를 지닌 의료진

트랜스젠더 참여자들이 성전환 관련 의료적 조치를 받지 못하는 또 다른 이유는 의료진과 의료시설을 포함한 의료 환경의 문제도 있다. 설문조사 결과, 정신과 진단을 받지 않은 트랜스젠더 참여자(51명) 중 일부는 "제대로 진단해 주는 정신과를 찾을 수 없어서" 진단을 받지 않았다고 응답했다(7명, 28.0%). 한국에서는 트랜스젠더가 성주체성장애 진단서를 가지고 있지 않을 때, 호르몬 요법이나 성전환 수술을 받지 못하는 경우가 있다. 그런 점에서 성주체성장애 진단은 이후에 받을 의료적 트랜지션을 결정짓는 중요한 역할을 한다.[4] 실제로 호르몬 요법을 받지 않았다고 응답한 참여자 51명 중에는 "정신과 진단이 없어서" 호르몬 요법을 받지 못하는 경우도 있었다(17명, 33.3%). 호르몬 요법을 제공하는 "의료 기관이 없어서" 호르몬 투여를 하지 못하는 경우 역시 설문조사 결과에서 확인할 수 있었다(8명, 15.7%).

　　해외 사례를 통해 한국의 상황을 개선할 수 있는 지점에 대해 생각해 볼 수 있다. 세계 트랜스젠더 보건의료 전문가 협회는 트랜스젠더를 위한 건강관리실무표준을 통해 정신과 진단 및 호르몬 요법, 성전환 수술 등에 대한 임상적 지침을 제공하고 있다.[5] 뿐만 아니라, 의료 전문가 단체나 의학 분야 학회를 중심으로 트랜스젠더의 의료적 트랜지션에 대한 교육과 수련 과정을 개발하고 있다.[6] 이와 더불어 의과대학 학생을 대상으로 트랜스젠더의 건강 관련 교육 및 수련 프로그램을 시행하고, 프로그램을 받은 사람과 받지 않은 사람을 비교[7]하거나 프로그램 사전/사후에 관련 지식 및 태도 변화를 분석한 연구[8]도 진행되었다. 이러한 연구 결과에 따르면, 프로그램을 통해 교육과 수련을 받은 의과대학 학생들은 트랜스젠더 건강에 대한 지식과 태도, 기술 측면에서 의료진으로서 역량을 강화할 수 있었다. 한국 의과대학 수련 과정에는 트랜스젠더의 의료적 트랜지션에 대한 내용이 포함되어 있지 않기 때문에 의료 전문가들의 지식은 얕은 수준에 머물러 있다.[6]

특히 트랜스젠더를 차별하는 의료진의 태도는 트랜스젠더의 의료 이용을 제한하는 주요한 요소다. 연구팀은 참여자들에게 의료인으로부터 진료를 거부당한 경험과 의료 기관 방문을 회피하거나 연기한 경험에 대해 물었다.(표 31) 조사 결과를 살펴보면, 트랜스젠더 참여자 262명 중 의료 기관에 방문했을 때 의료진에게 진료를 거부당한 이들이 있었다(14명, 5.3%). 또한, 절반에 가까운 이들이 스스로 의료 기관 방문을 회피 또는 연기한 적이 있다(112명, 42.7%)고 답했다. 이러한 결과는 한국에서 수행된 다른 실태조사에서도 문제점으로 지적된 바 있다. 2015년 발표된 성적지향·성별정체성에 따른 차별 실태조사 결과에서는, 최근 5년간 의료 기관을 이용한 적이 있는 트랜스젠더 78명 중 28명(35.9%)이 부적절한 질문이나 비난을 받는 등 의료 기관에서 차별을 경험했다고 응답했다.[9] 해외에서 진행된 트랜스젠더 연구의 결과도 마찬가지였다. 2015년 미국에서 수행된 국가 수준의 대규모 설문조사 연구에 따르면, 트랜스젠더 참여자 27,715명 중 33%가 의료 기관 이용 시 언어폭력이나 성희롱, 치료 거부 등의 부정적 경험을 한 적이 있었다.[10]

표 31 | 한국 트랜스젠더의 인구사회학적 특성에 따른 지난 1년간 의료 기관 방문 회피·연기 경험과 의료인으로부터 진료거부 경험(2017년)

| | 분포 | 의료 기관 이용 시 | |
		의료 기관 방문을 회피하거나 연기한 적 있다 (N=112)	의료인에게 진료를 거부당한 적 있다 (N=14)
	N (%)	N (%)	N (%)
성별정체성 범주			
트랜스여성 범주	160 (61.1)	59 (36.9)	11 (6.9)
트랜스남성 범주	102 (38.9)	53 (52.0)	3 (2.9)
연령(세)			
19~29	209 (79.8)	96 (45.9)	11 (5.3)
30~50	53 (20.2)	16 (30.2)	3 (5.7)
성적 지향			
이성애	123 (46.9)	52 (42.3)	4 (3.3)
동성애	26 (9.9)	9 (34.6)	2 (7.7)
양성애	90 (34.4)	37 (41.1)	3 (3.3)
무성애	23 (8.8)	14 (60.9)	5 (21.7)
교육 수준[1]			
고등학교 졸업	57 (22.5)	25 (43.9)	2 (3.5)
2년제 대학 재학 · 중퇴 · 졸업	39 (15.4)	12 (30.8)	2 (5.1)
4년제 대학 재학 · 중퇴 · 졸업	144 (56.9)	68 (47.2)	10 (6.9)
대학원 이상	13 (5.1)	4 (30.8)	0 (0.0)
연평균 가구소득[1]			
1,000만 원 미만	69 (27.5)	30 (43.5)	6 (8.7)
1,000만 원~2,000만 원 미만	52 (20.7)	28 (53.8)	3 (5.8)
2,000만 원~3,000만 원 미만	45 (17.9)	16 (35.6)	1 (2.2)
3,000만 원~5,000만 원 미만	43 (17.1)	16 (37.2)	2 (4.7)
5,000만 원 이상	42 (16.7)	17 (40.5)	2 (4.8)
고용 형태[1]			
실업 또는 무직	117 (46.4)	53 (45.3)	7 (6.0)
정규직	45 (17.9)	21 (46.7)	2 (4.4)
비정규직	78 (31.0)	29 (37.2)	3 (3.8)
자영업	11 (4.4)	5 (45.5)	1 (9.1)
무급가족종사	1 (0.4)	0 (0.0)	0 (0.0)
거주 지역[1]			
서울특별시	104 (40.9)	49 (47.1)	4 (3.8)
광역시	42 (16.5)	15 (35.7)	1 (2.4)
시 · 군 지역	108 (42.5)	45 (41.7)	9 (8.3)
설문조사 참여 경로			
의료 기관	127 (48.5)	48 (37.8)	7 (5.5)
퀴어문화축제(서울, 대구)	22 (8.4)	14 (63.6)	3 (13.6)
온 · 오프라인 성소수자 커뮤니티	113 (43.1)	50 (44.2)	4 (3.5)

1 무응답 : 교육 수준 (N=9), 소득 수준 (N=11), 고용 형태 (N=10), 거주 지역 (N=8).

⊙ 트랜스젠더를 바라보는 부정적 시선

트랜스젠더 참여자들은 의료적 트랜지션을 받지 않은 다른 이유로 트랜스젠더에 대한 부정적 사회인식을 꼽았다. 호르몬 요법의 경우 "주변 사람들의 눈이 두려워서"(13명, 25.5%) 또는 "가족, 지인의 반대로"(8명, 15.7%), 의료적 조치를 받지 않고 있는 이들이 있었다. 성전환 수술을 받지 않은 이들도 "가족, 지인의 반대로"(39명, 25.0%), "주변 사람들의 눈이 두려워서"(32명, 20.5%) 수술을 받지 않았다고 응답했다. 전반적으로 응답자들은 가족을 포함한 주변 사람들이 의료적 트랜지션에 보내는 부정적인 시선을 두려워하고 있었다. 가족과 지인, 주변 사람들이 트랜스젠더의 의료적 트랜지션을 반대하거나 지지하지 않는 환경은 의료적 트랜지션을 가로막는 원인 중 하나였다. 이러한 분위기는 트랜스젠더를 바라보는 부정적인 사회인식을 반영한다. "주변 사람들의 눈이 두려워서" 의료적 트랜지션을 받지 않는다는 것은 트랜스젠더에 대한 부정적 태도와 적대적 환경을 트랜스젠더 개인이 모두 감당하고 있다는 의미일 수도 있다.

부담스러운 의료 이용 비용, 부족한 의료서비스 인프라, 트랜스젠더에 대한 부정적 시선 등 의료적 트랜지션을 가로막는 장벽은 트랜스젠더가 트랜지션을 안전하지 않은 방식으로 시도하게 할 수 있다.[11, 12] 연구팀이 진행했던 설문조사 결과에 따르면, 호르몬 요법을 한 번이라도 경험한 적이 있는 트랜스젠더 참여자는 276명 중 243명(88.0%)이었고 이들 중 병원 처방 없이 호르몬을 구입해 본 참여자는 총 61명(25.1%)이었다.(표 32) 성별정체성별로 분류하면 트랜

표 32 | 한국 트랜스젠더의 병원 처방 없는 호르몬 구매 경험과 구매 이유(2017년)

중복응답 가능   응답자 수(%)

병원 처방 없이 호르몬 구입 경험	분포	성별정체성 범주	
		트랜스여성 범주 (N=160)	트랜스남성 범주 (N=83)
	N (%)	N (%)	N (%)
없다	182 (74.9)	109 (68.1)	73 (88.0)
있다	61 (25.1)	51 (31.9)	10 (12.0)
병원 처방 없이 호르몬 구매 경로(N=61)			
있다- 처방이 필요 없는 다른 약물을 사용 (약국에서 피임약 구매 등)	28 (45.9)	26 (51.0)	2 (20.0)
있다- 해외 온라인 판매자를 통해서 구매	19 (31.1)	18 (35.3)	1 (10.0)
있다- 지인을 통해서 구매	15 (24.6)	8 (15.7)	7 (70.0)
있다- 국내 온라인 판매자를 통해서 구매	10 (16.4)	9 (17.6)	1 (10.0)
있다- 오프라인 판매자를 통해서 구매	5 (8.2)	4 (7.8)	1 (10.0)
병원 처방 없이 호르몬 구매 이유(N=61)			
정신과 진단서가 없어서	34 (55.7)	28 (54.9)	6 (60.0)
호르몬제를 처방 받을 수 있는 병원을 몰라서	15 (24.6)	11 (21.6)	4 (40.0)
의료적 조치에 대한 기록을 남기기 싫어서	10 (16.4)	8 (15.7)	2 (20.0)
비용이 더 저렴해서	10 (16.4)	6 (11.8)	4 (40.0)
병원에 가기 싫어서	10 (16.4)	6 (11.8)	4 (40.0)
기타	17 (27.9)	14 (27.5)	3 (30.0)

스여성 범주 160명 중 51명(31.9%), 트랜스남성 범주 83명 중 10명(12.1%)이 여기에 해당했다.

병원 처방 없이 호르몬을 구입해 본 트랜스젠더 61명은 어디서 호르몬을 구매했을까? 그 경로를 살펴본 결과, 피임약과 같이 "처방이 필요 없는 다른 약물"을 사용한 경우가 가장 큰 비중을 차지했다(28명, 45.9%). 그 외에 "해외 온라인 판매자"(19명, 31.1%), "지

143

인"(15명, 24.6%), "국내 온라인 판매자"(10명, 16.4%), "오프라인 판매자"(5명, 8.2%)를 통해 병원의 처방 없이 호르몬을 구매한 것으로 밝혀졌다.

이들은 피임약처럼 호르몬 성분을 포함하고 있지만, 처방전 없이 구매 가능한 약물을 사용하거나 국내외 온라인 판매자 또는 지인을 통해 호르몬제를 사고 있었다. 호르몬 요법은 개인의 건강 상태에 따라 용량을 조절해야 하고, 정기적인 검진 또한 중요하다. 특히 호르몬을 의사의 처방 없이 임의로 복용할 경우, 혈전색전증이나 간 수치 상승 등 내과적 부작용이 발생했을 때 적절한 조치를 취할 수 없다는 점에서 위험할 수 있다.[6, 12]

트랜스젠더 참여자가 병원 처방 없이 호르몬을 구매한 이유를 보면 61명 중 34명(55.7%)이 "정신과 진단서가 없어서"라고 응답했다. 그 외에 "호르몬제를 처방받을 수 있는 병원을 몰라서"(15명, 24.6%), "의료적 조치에 대한 기록을 남기기 싫어서"(10명, 16.4%), "비용이 더 저렴해서"(10명, 16.4%), "병원을 가기가 싫어서"(10명, 16.4%) 등의 이유로 병원 처방 없이 호르몬을 구매한 것으로 나타났다.

트랜스젠더의 안전한 의료적 트랜지션을 위해

모든 트랜스젠더가 의료적 트랜지션을 하는 것은 아니다. 그러나 한국 사회에서 본인이 인지하는 성별정체성으로 살아가고자 하는 트랜스젠더에게 정신과 진단 및 호르몬 요법, 성전환 수술은 단순히 본인의 성별 위화감을 완화하기 위한 의료적 조치만을 의미하지 않는다. 이들에게 의료적 트랜지션은 신분증명서를 얻는 데 필요한 법률적 요건이자 사회적 차별에서 본인을 지킬 수 있는 방식이며, 화장실과 같이 성별이 분리된 공공시설에 접근하기 위한 방법이기도 하다. 법적 성별정정에 의료적 트랜지션을 포함하는 것과는 별개로, 트랜스젠더가 안전하고 건강하게 의료적 트랜지션을 받기 위해서는 트랜스젠더의 의료접근성을 높여야 한다.

의료접근성을 높이기 위해서는 무엇보다 정신과 진단, 호르몬 요법 및 성전환 수술을 건강보험으로 보장할 필요가 있다. 전 세계 118개국 중 미국과 캐나다를 포함해 총 45개국에서 국가 건강보험이나 공공보건의료시스템을 통해 한 가지 이상의 의료적 트랜지션의 비용을 부담하고 있다.[6] 이 중 공공보건의료시스템을 통해 호르몬 요법만을 보장하는 나라는 6개국, 성전환 수술만을 보장하는 나라는 7개국이며, 두 의료적 조치 모두를 보장하는 나라는 총 32개국이다. 한국은 트랜스젠더의 정신과 진단, 호르몬 요법, 성전환 수술, 이 중 어떤 비용도 공공보건의료시스템에서 보장하지 않는다. 기존에 진행된 국내 연구에서는 성소수자가 정부에 바라는 주요 요구사항 중 하나로 트랜스젠더의 의료적 트랜지션에 대한 국민건강보험의 보장이 포함되어 있다고 밝혔다.[9, 13, 14] 이 글에서 살펴본 설문조사 결과에서도 비용 부담이 의료적 트랜지션의 가장 큰 장벽으로 드러났다.

이와 더불어, 의료적 트랜지션을 제공할 의료진에 대한 수련 및 교육이 제도화되어야 하며, 트랜스젠더에 대한 올바른 인식을 높이고 이들에 대한 차별금지 조치가 논의되어야 한다. 더 나아가 트랜스젠더의 건강에 대한 논의가 활발해지려면 먼저 구체적인 자료가 수집되어야 한다. 따라서 국가 단위 설문조사에 성별정체성을 묻는 문항을 포함할 필요가 있다.

이 글에서는 설문조사에 참여한 한국 트랜스젠더의 의료적 트랜지션의 경험과 장벽을 살펴보았다. 이를 기반으로 트랜스젠더의 건강과 삶의 질 향상을 위한 정책적 개입과 관련하여 활발한 논의가 이루어질 것으로 기대한다.

정신과 진단, 호르몬 조치, 성전환 수술
그리고 건강관리

트랜스젠더에게 필요한 의료서비스는 크게 2가지로 나눌 수 있다. 첫째 본인의 성별정체성에 부합하는 성별로 살아가기 위해 대부분의 트랜스젠더는 정신과 진단과 호르몬 조치, 성전환 수술 등을 포함한 의료적 트랜지션이 필요하다. 둘째로 의료적 트랜지션만이 아니라 일반적인 건강관리를 위한 검진, 진료 서비스 역시 트랜스젠더의 건강을 지키기 위한 중요한 요소다. 이 글에서는 두 종류의 의료서비스에 대해 간략히 설명하고자 한다.

이 글은 《보건사회연구》(제 35집)에 발표된 〈한국 트랜스젠더 의료접근성에 대한 시론〉(이호림, 이혜민, 윤정원, 박주영, 김승섭, 2015)에 제시된 내용 중 트랜스젠더의 의료적 트랜지션과 건강관리에 대한 내용을 수정, 보완했다.

트랜스젠더의 의료적 트랜지션

⊙ 정신과 진단

한국에서 호르몬 조치나 성전환 수술을 받고자 하는 트랜스젠더는 성주체성장애에 대한 정신과 진단을 사전에 요구받는 경우가 많다. 호르몬 조치와 성전환 수술이 정신과 진단을 받은 후에 진행된다는 점을 고려할 때, 정신과 진단은 이후에 진행되는 의료적 트랜지션을 향한 관문이라고 할 수 있다.

한국의 정신과 진단은 국제 표준인 세계보건기구(WHO)의 국제질병사인분류(International Classification of Diseases, ICD)를 기준으로 하는 한국표준질병사인분류(KCD)를 따른다. 트랜스젠더가 받는 정신과 진단인 성주체성장애 역시 이와 같은 표준분류에 의거한다. 성주체성장애 진단은 과거 개인의 성별정체성을 정신장애로 규정한다는 점에서 많은 비판을 받아 왔다.[1-3] 이에 따라 ICD-11에서는 기존에 정신 및 행동 장애로 분류되었던 성주체성장애를 성적 건강과 관련 있는 상태(Conditions related to sexual health)로 분류하고, 진단명을 성별부조화(Gender incongruence)로 수정할 것이 제안되었다.[4] 2018년 6월 18일, 세계보건기구는 그 제안을 수용해 ICD-11에서 트랜스젠더 정체성 항목을 수정하기로 결정했다.

이에 앞서 2013년 미국정신의학협회는 정신 질환 진단 및 통계 편람(Diagnostic and Statistical Manual of Mental Disorders, DSM)에 제시된 기존의 성주체성장애를 성별위화감(Gender Dysphoria)으로 수정했

표 33 | 미국정신의학회에서 발간한 정신 질환 진단 및 통계 편람(DSM-5)에 따른
청소년과 성인의 성별위화감 진단 기준[5]

 개인이 지정받은 성별과 자신이 경험하고 표현하는 성별의 불일치가
최소 6개월 이상 지속되며, 다음 중 2개 이상의 항목에 해당될 때:

❶ 1차 성징 및/또는 2차 성징(또는 청소년 초기일 때, 기대하는 2차 성징)과
개인이 느끼고 표현하는 성별의 불일치
❷ 불일치로 인해 1차 성징 및 2차 성징을 제거하고 싶은 강한 욕구
(또는 청소년 초기일 때, 2차 성징의 발달을 방지하고 싶은 욕구)
❸ 다른 성별의 1차 성징 및 2차 성징에 대한 강한 욕구
❹ 다른 성별(또는 지정받은 성별과 다른 대안적인 성별)이 되고 싶은 강한 욕구
❺ 다른 성별(또는 지정받은 성별과 다른 대안적인 성별)로 대우받고 싶은 강한 욕구
❻ 다른 성별(또는 지정받은 성별과 다른 대안적인 성별)의 전형적인 감정과
반응을 지니고 있다는 강한 믿음

 상기 상태가 임상적으로 유의한 고통을 초래하고 있거나
사회적, 직업적 및 기타 중요한 영역에서 지장을 미침

다.[5] DSM-5에서는 개인이 지정받은 성별과 본인이 인식하고 표현하는 성별이 불일치하고, 이로 인해 고통을 겪거나 사회적·직업적으로 영향을 받는 경우에 성별위화감이 있다고 진단한다.[5] 성별위화감의 구체적인 진단 기준은 위의 <표 33>과 같다.

호르몬 조치와 성전환 수술에 대한 기준은 세계 트랜스젠더 보건의료 전문가 협회에서 발간하고 있는 트랜스젠더 의료표준[6]과 해외 학회 또는 성소수자 건강센터에서 제시하는 트랜지션 관련 의료 가이드라인[7, 8] 등을 참고할 수 있다. 특히 성전환 수술은 한 번 시

행하면 돌이킬 수 없기 때문에 DSM-5에 제시된 기준에 따라 정신과 진단을 받는 것뿐만 아니라, 본인이 성전환 수술에 대한 심리적 준비가 되어 있는지 그리고 정신과적으로 충분한 평가 과정을 거쳤는지 등이 주요하게 고려된다. 트랜스젠더 의료표준은 호르몬 조치나 성전환 수술을 고려하기 전에 최소 1년 이상 본인이 원하는 성별로 생활해 볼 것을 권고하고 있으며, 특히 성전환 수술의 경우에는 최소 1년 이상 호르몬 조치를 받은 이후에 결정하도록 한다.[6, 9]

⊙ 호르몬 조치

호르몬 조치는 체형과 피부, 목소리 등의 변화를 통해 신체 외형과 성별정체성이 부합하도록 하는 의학적 조치다. 호르몬 투여를 6개월 이상 지속할 경우에 나타나는 신체적인 변화는 돌이키기 어렵기 때문에 일반적으로 성주체성장애에 대한 정신과 진단을 받은 이후에 호르몬 조치를 진행하도록 권고하고 있으나, 국가별로 차이가 있다.[6]

　　트랜스여성은 체형과 목소리의 변화를 위해 여성 호르몬제와 남성 호르몬 억제제를 투여한다. 여성 호르몬제인 에스트로겐은 입으로 복용하는 경구 제제와 근육주사 제제, 피부에 바르는 경피용 젤·패치의 세 가지 종류가 있으며, 이는 부인과 질환에 사용하는 호르몬제 용량에 비해 약 3~5배 높다.[7] 남성 호르몬을 억제하기 위한 항안드로겐 제제는 남성 호르몬인 테스토스테론 생성을 억제하고, 성욕을 감소시키며, 체모의 성장 속도를 늦춘다.[6] 개개인의 건강상태와 약제에 대한 반응에 따라 호르몬의 투여 용량은 달라질 수 있으며, 호르몬 조치 시에는 정기적인 혈액검사가 필요하다.[6, 8] 호르몬을 투여한 이후 1~3개월 내에 성욕과 발기가 감소하고, 3~6개월 사이에 체지방과 근육량이 변화하며, 고환이 위축되고 가슴이 성장한다.(표 34)[7]

트랜스남성은 남성 호르몬제와 여성 호르몬 억제제를 투여한다. 남성 호르몬 용법에는 피하주사와 근육주사 제제를 사용하는 방법이 있는데, 피하주사 제제는 혈중 농도가 더 낮기 때문에 항여성 호르몬제인 프로제스테론을 병용해야 하는 경우가 많다. 호르몬

표 35 | 트랜스젠더의 의료적 트랜지션 중 남성 호르몬 조치의 효과와 지속 기간

남성 호르몬의 효과	변화 시작 시점	최대 효과 기간
피부 유분 증가, 여드름	1~6개월	1~2년
체모 증가	3~6개월	3~5년
탈모	12개월 이상	개인차
근육량/근력 증가	6~12개월	2~5년
체지방 재배치	3~6개월	2~5년
월경 중지	3~6개월	없음
클리토리스 크기 증가	3~6개월	1~2년
질 위축	3~6개월	1~2년
목소리 변성	3~12개월	1~2년

출처: Hembree, W. C., Cohen-Kettenis, P., Delemarre-Van De Waal, H. A., Gooren, L. J., Meyer III, W. J., Spack, N. P., ... & Montori, V. M., 〈Endocrine Treatment of Transsexual Persons: an Endocrine Society Clinical Practice Guideline〉, 《The Journal of Clinical Endocrinology & Metabolism》, 2009. 94(9): p. 3132~54.

을 투여한 이후, 1~6개월 내에 피부의 유분이 증가하고, 3~6개월 사이에 월경이 중단되고 질이 위축되며, 6~12개월 이내에 근육량이 증가하는 등 신체적인 변화를 겪는다.(표 35)[7]

    트랜스여성과 트랜스남성 모두 호르몬을 투여한 3개월 이내에 비가역적으로 불임이 된다.[6] 호르몬 조치로 인해서 골격 자체는 변하지 않지만, 얼굴 형태는 최대 2년까지 변화가 있을 수 있다. 따라서 성형수술은 호르몬을 최소 2년 이상 투여한 이후에 고려할 것을 권고한다.[6, 8]

⊙ 성전환 수술

성전환 수술은 호르몬 조치로 불가능한 신체적 변화를 얻기 위해 시행된다. 성전환 수술에는 안면윤곽성형술, 목젖성형수술, 제모·모발이식수술, 유방절제·확대술, 지방흡입·이식술 등에서부터 기존의 생식기를 제거하기 위한 고환·정관절제술과 자궁·난소난관절제술 그리고 본인의 성별정체성에 따라 성기를 형성하기 위한 성기재건술 등 넓은 스펙트럼의 외과 수술이 포함된다.[6]

성기재건술을 하기 위해서는 특수한 지식과 기술을 갖추어야 하기 때문에 의료진을 위한 전문적인 교육과 수련이 마련되어야 한다. 트랜스여성의 경우, 현대 의학 기술로는 난소와 자궁과 같은 내부성기를 이식하는 것이 불가능하기 때문에 내부성기를 제거하는 경우가 많으며, 주로 외부성기 재건술을 받는다. 음경의 일부를 클리토리스로 재건하고 고환을 절제한 후 회음부의 피부나 직장의 일부를 이용하여 질을 만든다. 트랜스남성의 성기재건수술은 트랜스여성에 비해 난이도가 높고 여러 단계로 진행된다. 유방과 자궁, 난소·난관을 절제하고, 질 내벽을 봉합한 후 허벅지의 피부와 근육 등을 이용하여 음경을 재건한다. 수술 이후 요도조직을 양성해 안정적으로 정착되기까지 6개월 이상의 시간이 소요되며, 최소 2번 이상의 수술이 필요하다.[6]

트랜스젠더의 일반 건강관리

트랜스젠더는 정신과 진단과 호르몬 조치, 성전환 수술 외에도 생애 주기에 따라 일반적인 건강관리를 위한 의료서비스가 필요하다. 트랜스젠더는 비트랜스젠더에게 필요한 의료서비스와 더불어, 의료적 트랜지션 경험과 트랜스젠더에게 적대적인 사회 환경 등으로 인해 발생할 수 있는 다음과 같은 지점을 추가적으로 고려해야 한다.

첫째, 의료적 트랜지션과 관련해 발생할 수 있는 합병증이나 부작용이 있을 수 있기 때문에 정기적인 검진을 받아야 한다. 호르몬 투여와 관련해 특별히 유의해야 하는 지점들은 <표 36>에 제시한 내용과 같다. 트랜스여성은 여성 호르몬 투여로 인해 호르몬 의존성 종양의 위험이 증가할 수 있다. 특히 고용량 에스트로겐 조치를 받는 경우에는 1년에 한 번 이상 젖분비 호르몬인 프로락틴 수치를 검사해 종양 발생 가능성을 줄여야 한다. 트랜스젠더의 유방암 발생률은 비트랜스젠더 여성에 비해 높지는 않으나, 가족력이 있거나 호르몬 투여 기간이 6개월 이상 지속되거나 비만일 경우 정기적으로 유방촬영술을 받아야 한다. 에스트로겐 투여는 심혈관 질환과 고혈압의 위험을 높이기 때문에 1~3개월 간격으로 혈압을 측정해야 하며, 필요할 때에는 혈압약을 복용해야 한다. 고지혈증과 당뇨가 있는 경우에도 에스트로겐 용량을 조절해야 하며, 주기적으로 검사해야 한다. 테스토스테론을 투여하는 트랜스남성의 경우에는 적혈구증가증과 혈전 생성의 위험이 있기 때문에 정기적으로 혈액검사

표 36 | 트랜스젠더의 호르몬 조치에서 유의해야 할 내과 합병증

	트랜스여성 에스트로겐	트랜스남성 테스토스테론
심각한 위험을 가지는 합병증	혈전색전증	유방암, 자궁암 적혈구증다증
중증도의 위험을 가지는 합병증	프로락틴분비 뇌하수체종양, 심각한 간수치 상승 (정상의 3배 이상), 유방암, 심혈관계 질환, 뇌혈관계 질환, 심한 편두통	심각한 간수치 상승 (정상의 3배 이상)

출처: Hembree, W. C., Cohen-Kettenis, P., Delemarre-Van De Waal, H. A., Gooren, L. J., Meyer III, W. J., Spack, N. P., ... & Montori, V. M., 〈Endocrine Treatment of Transsexual Persons: an Endocrine Society Clinical Practice Guideline〉, 《The Journal of Clinical Endocrinology & Metabolism》, 2009. 94(9): p. 3132~54.

를 받아야 한다. 테스토스테론은 또한 체내에서 일정량이 에스트로 겐으로 전환되므로 여성 호르몬 의존성 유방암과 자궁내막암, 난소 암의 위험 또한 높일 수 있다.[7]

둘째, 성전환 수술 이후 간과할 수 있는 생식 기관의 건강에 대해 고려해야 한다. 트랜스여성이 질과 자궁경부 재건술을 받은 경 우에는 비트랜스젠더 여성과 마찬가지로 자궁경부암 검사를 받을 것을 권장한다. 또한 트랜스여성은 성기 수술을 받은 이후에도 전립 선이 남아 있는 경우가 많기 때문에, 비트랜스젠더 남성에 준해서 전립선암 고위험군에서는 선별검사가 필요하다. 유방이나 질, 난소, 자궁을 제거하지 않은 트랜스남성의 경우 이에 대한 암검사를 간과

하기 쉬운데, 비트랜스젠더 여성과 마찬가지로 관련 검사를 받아야
한다.[7]

셋째, 의료적 트랜지션 전후에 트랜스젠더의 정신 건강에 대
한 고려가 필요하다. 트랜스젠더는 성별위화감으로 인한 정신적 고
통뿐만 아니라, 성소수자에게 가해지는 사회적 편견과 낙인으로 인
해 소수자 스트레스를 경험할 가능성이 높다.[10] 트랜스젠더의 정신
건강과 관련해 함께 고려되어야 할 사항은 불안이나 우울, 자해, 학
대나 방치 경험, 충동 등이 있다.[6] 이러한 정신 건강 상태는 의료적
트랜지션에 대한 결정과 결과뿐만 아니라 전반적인 삶의 질에도 영
향을 줄 수 있기 때문에 트랜스젠더를 진료하는 정신 건강 전문가의
역량에 대한 교육 또한 시행되어야 한다.[6, 8]

의료보장도, 의료진 교육도
없는 한국 사회

한국에서 트랜스젠더가 의료적 트랜지션을 받는 과정은 녹록지 않다. 무엇보다 호르몬 조치와 성전환 수술이 건강보험 비급여 항목으로 분류되어 있기 때문에 트랜스젠더는 비용을 개인이 전액 부담해야 한다. 또한 의학 교육 과정에서 의료적 트랜지션에 필요한 지식 및 기술에 대한 수련이 전혀 이루어지지 않고 있다. 의료 현장에서 트랜스젠더 환자를 편견 없이 진료하기 위해서는 교육 과정에서 문화적 역량(Cultural competency)을 배양하기 위한 교육도 필요하지만 이 또한 이루어지지 않고 있다. 이러한 요소들은 한국 트랜스젠더의 의료접근성을 제한하고 있다.

이 글은 《보건사회연구》(제 35집)에 발표된 〈한국 트랜스젠더 의료접근성에 대한 시론〉(이호림, 이혜민, 윤정원, 박주영, 김승섭, 2015)에 제시된 내용 중 트랜스젠더의 의료적 트랜지션에 대한 의료보장과 의학 교육 관련 내용을 수정, 보완했다.

의료적 트랜지션을 보장하지 않는 건강보험

⊙ 의료적 트랜지션에 대한 의료보장의 필요성

의학 전문가들은 의료적 트랜지션을 미용 목적의 성형수술이나 실험적 시술로 바라보는 것이 아니라, 의료보장이 필요한 의료적 조치로 다루어야 한다고 말한다. 세계 트랜스젠더 보건의료 전문가 협회는 트랜스젠더 의료표준을 발간하여 보건의료 전문가에게 임상지침을 제공하고 있다.[1] 이 지침에 따르면, 호르몬 요법과 성전환 수술은 트랜스젠더의 성별위화감 해결에 필수적인 의료적 조치다. 미국 의학협회 또한 2008년도 결의안을 통해 의료적 트랜지션의 효과를 인정하며, 이를 공공 및 민간 의료보험으로 보장해야 한다는 입장을 발표했다.[2]

이러한 입장은 의료적 트랜지션이 트랜스젠더의 삶에 미치는 영향을 보여 준 기존 연구들을 기반으로 한다. 미국 트랜스젠더의 호르몬 요법과 성전환 수술이 삶의 질에 미치는 영향을 살펴본 28개 논문에 대한 연구에 따르면, 의료적 트랜지션을 받은 응답자 1,833명 중 80%에서 삶의 만족도가 증가했다.[3] 또 다른 연구에서 의료적 트랜지션을 받은 트랜스젠더 중 이를 후회한다고 답한 응답자는 트랜스여성 1~1.5%, 트랜스남성 1% 미만이었다.[4] 반대로, 적절한 의료적 트랜지션을 받을 수 없는 경우에 트랜스젠더의 정신 건강은 악화되었다. 미국 트랜스여성 314명을 대상으로 수행한 연구 결과, 응답자 중 의료적 트랜지션을 받지 못한 집단에서는 폭음이나

159

자살 생각, 약물 남용 등 건강위해행동과 정신 건강의 위험이 높게 나타났다.[5]

　의료적 트랜지션이 국가의료보험으로 보장되지 않을 때 발생할 수 있는 문제점 중 하나는 트랜스젠더가 스스로 호르몬을 처방하거나 거세하는 등 자가시술을 하는 것이다. 호르몬 요법은 개인의 건강상태를 감안한 용량 조절이 중요한데, 미국의 경우 지역에 따라 23~70%의 트랜스젠더가 의사와 상담 없이 호르몬 자가처방을 하고 있는 것으로 보고되었다.[6] 호르몬 자가처방은 그 부작용이나 위험성에 대한 정보를 알기 어려워 트랜스젠더 개인의 건강을 해칠 수 있다. 뉴욕에 거주하는 트랜스여성 101명을 대상으로 한 연구에 따르면, 의사의 처방을 받아 호르몬을 투여하는 이들은 그렇지 않은 이들보다 호르몬 요법 시 주삿바늘 재사용을 적게 하는 것으로 나타났다.[6] 또한, 세계적으로 트랜스여성의 자가거세에 대한 사례 보고도 지속적으로 이루어지고 있다.[7-14] 고환을 제거하면 호르몬 용량을 줄이거나 호르몬을 투여하지 않아도 되기 때문에, 의료적 트랜지션의 비용에 부담을 느낀 트랜스여성이 스스로 고환을 제거하는 사례가 있었다.[14]

　캐나다 온타리오 주의 경험을 통해 의료보장의 부재가 트랜스젠더의 삶에 어떤 영향을 미치는지 확인할 수 있다.[15] 1998년, 의료 전문가들의 동의 없이 온타리오 의료보장 프로그램에서 성전환 수술이 삭제되었고, 그 이후 10년 동안 성전환 수술을 원하는 트랜스젠더는 본인 부담으로 수술을 받아야 했다. 프로그램 삭제 이후

433명의 트랜스젠더를 조사한 연구에 따르면, 응답자 중 5명은 스스로 고환적출이나 유방절제 등을 시도한 적이 있는 것으로 나타났다.

⊙ 외국의 트랜스젠더 의료보장 현황

의료적 트랜지션에 대한 비용을 공공자원으로 지원하는 국가의 수는 점차 증가하고 있으며, 각국에서 보장하는 의료적 조치의 범위도 확장되고 있는 추세다. 유럽 트랜스젠더 인권단체인 '트랜스젠더 유럽(Transgender Europe)'은 2014년 116개 국가의 법률 및 사회적 상황을 조사해 체계적으로 정리하는 연구 프로젝트를 진행했다.[16] 트랜스젠더 유럽이 정리한 자료에 추가적으로 116개국에 포함되지 않은 미국과 캐나다에 대한 별도의 문헌조사[17-19]를 수행해, 의료적 트랜지션에 대한 118개국의 의료보장 실태를 정리했다.(표 37) 국가별로 형태와 규모는 다르지만, 국가건강보험(National Health Insurance)이나 기타 공공의료체계(Public Health System)에서 의료적 트랜지션의 비용을 부담하는 경우에 의료보장을 하고 있다고 표시했다. 성전환 수술의 경우, 가슴 제거·확대수술이나 고환제거수술 등 12가지 주요 수술 중 한 가지라도 공공의료체계에서 비용을 부담하는 경우 의료보장 대상으로 분류했다.

그 결과, 118개국 중 45개국에서 호르몬 요법과 성전환 수술 중 한 가지 이상의 의료적 트랜지션을 보장하고 있는 것으로 나타났다. 유럽의 경우, 조사 대상 49개국 중 26개국에서 의료적 트랜지션에 대한 의료보장이 적용되고 있었다. 그러나 유럽에서도 의료보

표 37 | 트랜스젠더의 의료적 트랜지션에 대한 국가별 의료보장 현황

(2014년 기준, 총 118개국)

보장 범위		국가	
호르몬 요법	성전환 수술		
○	○	유럽	오스트리아, 벨기에, 덴마크, 핀란드, 프랑스, 독일, 헝가리, 아이슬란드, 아일랜드, 이탈리아*, 네덜란드, 노르웨이, 포르투갈, 루마니아, 슬로바키아, 슬로베니아, 스페인, 스웨덴, 스위스, 영국
		아메리카	미국, 캐나다**, 브라질***, 칠레, 콜롬비아***, 쿠바, 에콰도르, 멕시코
		아시아	홍콩, 인도*, 이스라엘
		오세아니아	뉴질랜드
○	X	유럽	불가리아, 에스토니아, 그리스, 폴란드
		아메리카	엘살바도르, 니카라과
X	○	유럽	크로아티아, 몬테네그로, 러시아, 터키
		아메리카	아르헨티나
		아시아	카자흐스탄
		오세아니아	호주
X	X	유럽	알바니아, 아르메니아, 아제르바이잔, 보스니아-헤르체코비나, 키프로스, 조지아, 코소보, 라트비아, 리투아니아, 마케도니아, 몰타, 몰도바, 세르비아, 우크라이나
		아메리카	바베이도스, 벨리즈, 네덜란드령 카리브, 아이티, 자메이카, 페루, 푸에르트리코, 세인트키츠 네비스[†], 세인트빈센트 그레나딘, 신트마르턴[††], 수리남, 트리니다드 토바고, 베네수엘라
		아시아	동티모르, 인도네시아, 일본, 키르기스스탄, 말레이시아, 몽골, 필리핀, 싱가포르, 대한민국, 타지키스탄, 태국, 우즈베키스탄
		오세아니아	아메리칸사모아, 쿡제도[†], 피지, 괌, 키리바시, 나우루, 뉴칼레도니아, 니우에, 파푸아뉴기니, 사모아, 솔로몬제도[††], 타히티, 토켈라우[†], 통가, 투발루
		아프리카	앙골라, 보츠와나, 이집트, 케냐, 나미비아, 나이지리아[†], 남아프리카공화국, 우간다, 잠비아
정보 없음		유럽	안도라, 벨라루스, 체코, 리히텐슈타인, 룩셈부르크, 모나코, 산마리노
		아메리카	앤티카 바부다, 바하마

*성전환 수술은 전국적으로 보장하지만, 호르몬 요법은 지역에 따라 보장 수준이 다르다. **지역에 따라 의료 보장 수준이 다르다. ***호르몬 요법은 전국적으로 보장하지만, 성전환 수술은 지역에 따라 보장 수준이 다르다. [†]성전환 수술에 대해서는 알려진 정보가 없다. [††]호르몬 요법에 대해서는 알려진 정보가 없다.

장이 적용되는 의료적 조치의 종류는 국가별로 달랐고,[16] 개별 사례를 미용 목적의 수술이나 실험적 시술로 판단해 의료보장을 거부당하는 경우도 빈번했다.[20, 21] 2007년, 유럽연합 내 22개국에 거주하는 2,575명의 트랜스젠더를 대상으로 한 설문조사에 따르면, 82% 이상의 응답자가 호르몬 요법에 대한, 83% 이상의 응답자가 성전환 수술에 대한 의료보장 적용을 거부당한 경험이 있다고 밝혔다.[21]

미국은 의료보장체계가 메디케어(Medicare)나 메디케이드(Medicaid) 같은 공공영역의 의료보장제도와 민간회사가 운영하는 민간의료보험으로 나뉘어 있다. 65세 이상의 노인을 지원하는 연방정부의 의료보장제도인 메디케어는 호르몬 요법과 성전환 수술을 포함하고 있으며,[17, 18] 65세 이하 저소득층과 장애인에 대한 의료보장제도인 메디케이드는 주 정부별로 운영해 지역에 따라 의료적 트랜지션의 보장 여부가 다르다.[17] 미국에서 대부분의 민간보험은 명시적으로 의료적 트랜지션을 보장 대상에서 제외하고 있으나 보험사에 따라 보장하는 경우가 있다.[22] 2015년을 기준으로, 의료보장의 빈틈을 메우기 위해 뉴욕이나 캘리포니아 등 총 9개 주에서 메디케이드와 민간의료보험에서의 트랜스젠더 배제를 금지하는 정책을 시행하고 있다.[23] 그러나 2011년 미국에서 수행된 연구에 따르면, 6,436명의 트랜스젠더 중 공공부조의 대상이 아니지만 민간보험에 가입하지 못해 의료보장을 받지 못하는 사람이 19%로, 아직까지 트랜스젠더에게 의료 사각지대가 남아 있는 것으로 나타났다.[24] 캐나다의 경우, 주 정부에 따라 정책이 다르지만 온타리오나 브리티시컬

럼비아 등 대부분 주에서 의료적 트랜지션을 보장하고 있다.[19] 남미에서도 브라질을 포함한 6개국에서 호르몬 요법과 성전환 수술이 의료보장 대상에 포함되어 있으며, 엘살바도르와 니카라과는 호르몬 요법을, 아르헨티나는 성전환 수술을 보장하고 있다.

아시아와 오세아니아, 아프리카는 유럽과 아메리카에 비해 의료적 트랜지션에 대한 의료보장 수준이 낮은 편이다. 아시아의 경우, 홍콩과 이스라엘, 카자흐스탄, 인도의 일부 지역을 제외하고는 한국을 포함한 대부분 국가에서 의료적 트랜지션이 의료보장에 포함되지 않았다.[25] 호르몬 요법과 성전환 수술 둘 다 보장하는 뉴질랜드와 성전환 수술만을 보장하는 호주를 제외한 오세아니아 국가에서는 의료보장이 시행되지 않았다. 아프리카에서 의료적 트랜지션에 대해 의료보장이 되는 국가는 없었다.

트랜스젠더 진료를 가르치지 않는 의학 교육

⊙ 트랜스젠더 관련 의학 교육 및 수련의 필요성

2018년 기준으로, 국내 병원 및 의원 수는 67,847개이고 여기에 종사하는 의료인 수는 651,480명에 달한다.[26] 현재 정규 의학 교육에 트랜스젠더와 의료적 트랜지션에 대한 내용이 포함되어 있지 않으며, 트랜스젠더에게 적절한 의료서비스를 제공하는 의료 기관이 부족하다. 한국에서는 트랜스젠더의 의료적 트랜지션에 대한 학회 차원의 논의나 임상지침도 부족하기 때문에 호르몬 요법이나 성전환 수술을 받고자 하는 트랜스젠더는 국내 의료 기관에서 적절한 진료를 받기 어려운 상황이다. 외국에서는 최근 트랜스젠더 진료에 대한 문제의식이 널리 공유되면서 관련 논의가 활발히 진행되고 있다.[17]

첫째, 트랜스젠더에게 적절한 의료서비스를 제공할 수 있는 전문 의료인력이 부족하다. 미국의학연구소(The Institute of Medicine, IOM)의 보고서에서도 트랜스젠더를 포함한 성소수자 환자에게 필요한 의학적 서비스를 제공할 수 있는 충분한 지식을 갖추고, 차별하지 않고 그들을 진료할 수 있는 임상 의사가 부족하다는 점을 지적하고 있다.[27] 미국에서는 1970년대부터 의학 논문을 통해 트랜스젠더의 의료적 트랜지션과 관련된 경험을 공유해 왔지만,[28-30] 조직 수준에서 트랜스젠더의 건강 이슈를 다룬 것은 2010년 이후였다. 전국 트랜스젠더 건강 회의(National Transgender Health Summit)와 필라델피아 트랜스 건강 컨퍼런스(Philadelphia Trans Health Conference) 등의 학회가 2000년 이후에 시작되었으며, 관련 의학 가이드라인[1, 31-33]도 북미에서 2000년대 중반 이후에 발표되었다. 2015년 가을에는 트랜스젠더의 건강과 보건의료 이슈에 대한 연구를 다루는 첫 저널 《트랜스젠더 건강(Transgender Health)》이 창간되기도 했다. 그러나 아직까지 미국에서도 트랜스젠더 진료와 관련된 사회적 여건이 충분히 마련되지는 않았다. 2010년에 발표된 연구에 따르면, 미국과 캐나다의 176개 의과대학 중 각각 30.3%, 34.8%만이 의료적 트랜지션에 대한 내용을 교육 과정에 포함하고 있었으며,[34] 2012년을 기준으로 미국에서 트랜스젠더의 성기재건 수술을 할 수 있는 외과의는 6

명에 불과했다.[17]

둘째, 정규 의학 교육에 성소수자를 편견 없이 진료하기 위한 문화적 역량을 늘리는 내용이 포함되지 않는다. 미국에서는 1990년 대부터 성소수자에 대한 편견을 바로잡고, 적절한 문화적 역량을 키우기 위한 의학 교육이 부족했다는 성찰이 있었다. 그러나 그마저도 동성애에 국한되어, 트랜스젠더 관련 의학 교육에 대한 논의는 부족했다. 1992년에 진행된 한 연구에 따르면, 126개 의과대학 중 82개의 대학에서 4년의 커리큘럼 중 동성애와 관련된 내용을 다룬 시간은 평균 3.26시간이었다.[35] 1998년에 수행된 다른 연구에서 조사한 116개 의과대학 중 95개 학교에서도 동성애·양성애에 대한 교육에 평균 2.5시간만을 할애한다고 응답했으며, 절반 이상의 학교에서는 동성애·양성애에 대해서 전혀 가르치지 않았다고 했다.[36] 트랜스젠더에 대한 의학 교육이 충분히 이루어지지 않아 의료 전문가에게 성소수자에 대한 편견이 남아 있을 수 있다. 미국 샌프란시스코의 유색인종 트랜스여성 48명 중 대부분은 의료서비스를 이용하는 과정에서 의료진으로부터 편견과 차별을 경험한 적이 있다고 했고, 그 이유로 의료진을 대상으로 하는 트랜스젠더의 의료적 욕구에 관한 교육 부족을 꼽았다.[37]

⊙ 트랜스젠더 관련 의학 교육 및 수련 증진을 위한 해외 논의

해외에서 진행된 연구들은 트랜스젠더와 의료적 트랜지션에 대한 의학 교육을 통해 의료진의 태도가 긍정적으로 바뀌었다고 보고했다.[38-40] 2004년 미국 캘리포니아에서 수행된 연구는 의과대학에서 성소수자에 관한 2시간의 교육세션을 진행하고 사전·사후에 설문을 진행한 결과, 학생들의 트랜스젠더 진료에 대한 신념과 의지 그리고 진료에 대한 인식이 높아졌다고 보고했다.[38] 2013년 미국 보스턴에서 의과대학 학생들을 대상으로 한 연구에서도 의료적 트랜지션에 대한 교육을 받기 이전에는 38%가 트랜스젠더 환자를 진료하기가 불편하다고 응답했으나, 수업 후에는 같은 응답을 하는 사람의 비율이 11%로 줄어들었다.[39] 또한 행정직원을 포함한 의료 기관 종사자에게 트랜스젠더 관련 교육을 진행했던 메사추세츠의 노인요양시설 연구는 교육 이후 성소수자에 대한 인식이 눈에 띄게 좋아졌다고 보고했다.[40]

최근 해외에서는 단체와 학회를 중심으로 트랜스젠더 진료를 위한 교육과 수련 과정을 개발하고, 이를 확산하기 위한 다양한 시도가 행해지고 있다. 트랜스젠더에 대한 정보와 지식 및 문화적 역량을 강화하기 위한 교육을 제공해 온 세계 트랜스젠더 보건의료 전문가 협회는 의료인을 대상으로 의료적 트랜지션 및 일차의료, 정신 건강 등에 대한 자체적인 트레이닝 코스를 제공하고 있다. 미국의 펜웨이 연구소(The Fenway Institute) 산하 전국 성소수자 교육센터(The National LGBT Education Center)에서는 관련 온·오프라인 강의를 제공하고 있으며, 캐나다의 트랜스 건강 연결 프로젝트(Trans Health Connection

Project)에서도 4일 과정의 오프라인 교육 프로그램을 시행하고 있다. 또한 성소수자 건강 관련 커리큘럼을 보유하고 있는 의과대학의 경우에는 성적지향 및 성별정체성뿐만 아니라 HIV/AIDS와 간성(Intersex), 의료 장벽, 정신 건강 등에 대해서 교육하고 있다.[34]

"너희는 우리 병원
아니면 갈 데 없잖아"

한국에서 트랜스젠더에게 호르몬 요법과 성전환 수술을 제공하는
병원은 극소수다. 어쩔 수 없이 찾아간 의료 기관에서 트랜스젠더는
의료진의 무시와 차별을 감내해야 한다.

"병원에서 우리를 환자로 보는 게 아니라 돈으로 보더라도, 서비스를
잘하면 상관없는데, '너희는 우리 병원 아니면 갈 데 없잖아. 우리가
너희한테 해 주는 거야'라는 마인드를 갖고 있어요. 그러니까 뭔가
정말 말도 안 되는 행동을 하는 거예요. 예를 들어, 병역 문제 관련해서
호르몬 치료를 받았던 병원에서 증명서를 받아야 할 때가 있어요.
그런데 안 떼 주려고 하는 거예요. 자기들도 찔려서 뭔가 문제가 생길까
봐 그런 것 같아요." (20대 트랜스여성 A)

"한번은 성형외과에 갔어요. 의사 선생님께 제가 트랜스젠더라는 걸
밝히고, 여성적인 외형을 가지고 싶다고 말씀드렸어요. 그랬더니 '남자가
그걸 왜 해? 남자가 그러면 안 되지. 남자는 남자답게' 이런 식으로
반응하는 거예요. 나는 트랜스젠더고, 사회생활을 하려면 성형수술이

필요하다고 말했는데……." (20대 트랜스여성 A)

"한 비뇨기과는 극도로 불친절하고 약간 맛이 가 있는 걸로 악명이
높은데, 거기를 갔어요. 의사한테 수술하러 왔다고 하니까 호적조사부터
해야겠다면서 엉뚱한 걸 막 물어봐요. 부모님은 뭐하고, 출신학교는
어디고 이런 걸 물어보는데, 어이없게도 같은 고등학교 출신인 거예요.
거기가 남고거든요. 의사가 '아휴, 내가 살다 보니 후배 불알을 까게
생겼다'고 그러더라구요. 하여튼 거기는 정말 최악이었어요. 성희롱 같은
것도 있었던 거 같고." (20대 젠더퀴어 E)

"(정신과 진료실에) 50대 정도 되는 교수님이 계셨는데, '뭐 땜에
오셨어요?'라고 묻더군요. '제가 사실 어릴 때부터 성소수자 여자로
인식을 했고, 인식이 아예 달랐고, 성 자체도 다른 것 같고 해서 호르몬
치료를 받고 싶은데 정신과 진단이 필요해서 진단서 때문에 왔다'고
말씀을 드렸더니 선생님이 한동안 어이없다는 듯이 쳐다 보시고, '뭐?'
하시더라구요. 그러더니 이제 선생님이 한숨을 푹푹 쉬고 '하~' 하며
눈을 치켜뜨고 '하~' 이러시더니, '나는 그거는 전혀 모르는 문제니까
너가 필요한 거를' 이래요. 그때부터 반말이었어요. '너가 필요한 거를
너가 호르몬 그거를 받으려면 필요한 거를 네가 알아 가지고 와라'라고
하시더라구요." (20대 트랜스여성 F)

자신을 편안하게 대해 주고 차별하지 않는 의사를 만나게 될 경우,
이사로 인해 거리가 멀어진 경우에도 꾸준히 그 병원을 찾는 모습을
보이기도 했다. 그런 병원이 드물기 때문이다.

"예전에 살던 동네에 다른 의사 선생님들하고 다르게 좀 친절하신
분이 있으신데, 지금은 이사 가고 나서 좀 멀어졌는데도 일부러 거기를
찾아가게 되는 거 같아요. 다른 걸 떠나서 그냥 친절하다는 거 자체로도,
그분이 저한테 성별에 관해서 언급을 안 한다는 자체로도 그냥 편하게
느껴지는 거 같아요. 어떤 분들은 얼굴 표정으로도 티가 나는 분들이
있어요. 이렇게 그걸(환자 정보) 봤는데, 여자라고 쓰여 있는데,
들어오는 사람이 이 사람이 맞나 하고 다시 확인하는 분들도 계시고.
그런데 이제 그런 거 없이 그냥 편하게 대해 주시는 의사 선생님 있는
데로 일부러 찾아가죠." (20대 트랜스남성 N)

많은 트랜스젠더들이 성전환 수술을 받기 위해 태국의 의료 기관을
이용하고 있다. 태국의 의료진들이 한국보다 상대적으로 수술 경험이
많고, 전문적인 기술을 갖추었기 때문이다. 그러나 이 과정에서 성전환
수술을 받기 위해 태국에 가는 트랜스젠더와 현지 병원을 연결해
주는 한 브로커는 "어차피 소수자들은 갈" 곳이 없다는 점을 악용하고
있었다.

"태국은 성전환 수술 케이스가 많잖아요. 하루에 2~3명씩 일주일에
4일을 하니까 적어도 일주일에 10케이스 이상은 나온다는 거잖아요.
한 달이면 40케이스고, 1년이면 500케이스가 넘어가는데, 십몇 년이
지났으니까 5,000에서 10,000까지 케이스가 나올 거라구요. 그렇게
케이스가 많고, 전문적으로 하다 보니까 태국에 가서 성전환 수술을
받는 거죠." (40대 트랜스여성 B)

"BB 병원(해외) AA라는 브로커가 있는데요. 수술 후에 알게 된
사실이지만 그 사람 악명이 높더라구요. 그러니까 그 사람이 수술 잘된
사람한테는 되게 잘해 주는데 수술 잘 안된 사람한테는 나 몰라라
하고 제대로 해 주지도 않고 연락하지 말라고 그런다는 정보를 뒤늦게
입수했어요. 저한테도 막 제대로 해 주지도 않고, 자기한테 물어보지
말라고 그런 식이었어요. 국내에서 변호사 관련해서 알아봤는데
해외에서 한 것에 대해서는 어쩔 수가 없다는 얘기를 들었어요.
변호사에게 의뢰를 해 보신 건가요? 아니요. 제가 직접 의뢰를 한 건
아니고 아는 사람을 통해서 알아봤던 그 사람이 변호사에게 질문을 해
봤는데, 해외에서 한 건 어떻게 할 방법이 없다고요.
(해외 병원에서 의료적 트랜지션 서비스를 연결해 주는 브로커인) AA란
사람이 그런 점을 악용하는 것 같아요. 그러니까 어차피 소수자들은
갈 데도 별로 없고 이런 식으로 영업을 해도 어차피 올 사람들은 계속
오니까. 수술 받으려면 일단 찾아갈 병원이 없잖아요. 만약 일반인
상대로 그런 영업을 한다면 아무도 안 갈 텐데, 소수자들은 갈 데가 그런
곳밖에 없으니까. 그리고 저 말고도 그런 비슷한 경험을 했던 사람들이
비슷한 이야기를 하는 거 같더라구요. 그래서 저는, 다른 사람이 BB
병원에서 수술을 한다고 하면 도시락 싸 들고 말리고 싶은 심정이에요.
문제는 저처럼 모르는 사람은 그런데 가서 다. 그러니까 그런 브로커들은
자기들 돈벌이에만 급급하고 성소수자들을 무시하고 그런 게 좀 있는 것
같아요. 그래서 제가 거기에서 상처를 많이 받았어요." (20대 젠더퀴어 K)

"확인할 수 있는
검사는 없는 거죠"

~~~~~~

의료적 트랜지션은 정신과 진단으로 시작되는 경우가 많다. 성주체성장애 진단을 받았던 트랜스젠더 참여자들은 정신과에서 스스로를 "여성으로 인식하는지, 남성으로 인식하는지를 확인할 수 있는 검사"는 존재하지 않는다고 했다.

"성주체성장애 진단을 할 때, 정신과에서 어떤 검사가 있어서 이 사람은 성주체성장애를 가지고 있다라는 결과가 나오는 게 아니에요. 이 사람이 트랜스젠더라고 주장을 해요. 그러면 다른 정신과적 검사를 해 보고 그런 문제가 없으면은 이 사람은 뭐 다른 문제 때문에 이러는 게 아니라 제정신으로 그런 말을 하는 거니까 성주체성장애가 맞다라고 하는 거예요. 사실 이 사람이 정신적으로 자기를 여성으로 인식하는지, 남성으로 인식하는지를 확인할 수 있는 검사는 없는 거죠."

(20대 트랜스여성 C)

"기본적으로 제 입장은 사람들에게 성적 자기결정권이 있다는 거예요. 사실 정신과에서 성주체성장애를 진단하는 게 좀 웃기긴 해요. 검사 내용도 보면 성별정체성을 판별하는 것보다는 그냥 여러 가지 임상척도 같은 그런 검사들인데……. (중략) 굳이 안전장치가 필요하다면 이 사람에게 특별한 정신적인 문제가 없다는 소견 정도면 되지 않을까요? 저는 의사가 내가 반대의 성별이 될 수 있는 자격이 있다, 없다는 걸 결정해 줄 자격이 없다고 생각하는 쪽이에요." (20대 젠더퀴어 E)

호르몬 요법은 신체에 생리적 변화를 가져오기 때문에 전문적 지식을 지닌 의료진과 지속적인 상담과 검진을 통해 진행해야 한다. 그러나 한국에서 몇몇 트랜스젠더는 병원에서 정기적으로 검사를 받으며 호르몬을 처방받는 것이 아니라, 온라인 커뮤니티의 거래나 약국에서 피임약 구매와 같은 비공식적인 경로를 통해 구했다. 그로 인해, 부작용을 경험하는 경우가 여럿 있었다.

"저는 호르몬을 투여할 때, 뭐랄까 좀 더 원하는 게 있었어요. 사실 그렇잖아요. 20년간 사춘기가 안 온 건데. 머릿속에서는 이게 되어야 하는데 라는 생각이 오랫동안 억눌려 오던 거다 보니까 호르몬 맞을 때 조바심도 많이 나고, 욕심도 많이 나고 그랬어요. 객관적으로는 전혀 불편함이 없었지만 주관적으로는 조바심과 가슴이 좀 더 커졌으면 좋겠다라든지 그런 마음이 들었죠." (20대 트랜스여성 C)

"온라인 커뮤니티에서 호르몬 거래도 많이 하니까 그렇게 호르몬 주사약을 받아서 하는 사람들도 많아요. 왜냐면 병원에서 호르몬 투약을 받으면 주사료가 비싸요. 병원마다 다르지만, 1만 원대부터 2~3만 원까지 해요. 제가 다니는 의료생활협동조합은 9천 원 정도하고요. 근데

호르몬 주사약 하나만 하면 2천 원인가 3천 원 정도 하니까 그거를 사서
주사 놓을 수 있는 사람들이 자가주사하는 거예요." (40대 트랜스여성 B)

"초등학교 6학년 때랑 중학교 때 피임약을 몇 알 먹었어요. 다 합쳐서
백 알도 안 먹었지만. **피임약은 어떻게 구하셨어요?** 피임약은 뭐, 약국에
가서 '집에 누나가 사 오래요'라고 하니까 주시던데요." (20대 트랜스여성 H)

"부작용으로 노래를 더 못해요.(웃음) 전보다 노래를 더 못해요.
음이 안 올라가는 것도 안 올라가는 건데, 제 목소리에 제가 익숙하지
않아요. 그 이외에 부작용은 이제 무드스윙(mood swing), 아까
말씀드렸던 것처럼 기분이 진짜, 그런 게 가장 심하죠. 제 지인 중에
정말로 심한 부작용이 있는 친구는 정말 머리 빠지는 거, 탈모가 심한
친구들이 있어요. 수술도 비싼데 거기에다가 탈모에 돈 내고, 뭐하고."
(20대 트랜스남성 O)

"보통 불법 호르몬 하는 경우는 가족들에게 숨기는 경우가 많아 도움을
받을 수 없어요. 가장 이제 흔한 게 목근육이나 팔근육에다가 주사하는
경우가 있는데, 얘가 실수로 정맥을 찌른 거에요. 거기에다 났다가
여성호르몬 수치가 4,000을 넘어서 토하고 정신 잃고 난리가 나서
병원 가서 입원했던 경우가 있었다고 전해 들었어요. 그리고 장기적으로
보면, 그런 사고가 아니더라도, 병원에서는 혈액검사를 해 보고 호르몬
농도가 많다 싶으면 주기를 늘린다든가 아님 적다 싶으면 줄인다거나
할 수 있는데, 본인이 개인이 하면 그런 게 가능할 리가 없잖아요.
의사가 아니니까. 전 분명히 호르몬제는 위험이 많다고 들었어요. 일단

간에도 무리가 많이 가고, 여성 호르몬 때문에 혈전이 생길 수 있다고 하더라고요. 그런 거에 대한 대책이 없잖아요, 개인이. 분명히 사고가 생길 수 있다고 생각을 해요." (20대 트랜스여성 J)

모든 수술은 합병증의 위험을 가지고 있듯이, 트랜스젠더의 성전환 수술 역시 합병증 위험이 있다. 한국에서 수술을 받은 트랜스여성 G의 경우 고환적출 수술 뒤 출혈을 경험했고, 태국에서 수술 받은 젠더퀴어 K는 재수술을 해야 했다. 장기적으로 표준화된 수술을 할 수 있는 의료진 수가 증가하고, 수술 후 합병증을 줄이기 위한 관리가 필요하다.

"고환적출 수술하고 나서 밤에 출혈이 있었어요. 수술했던 비뇨기과는 업무시간이 아니어서 집 근처에 있는 병원에 갔는데, 아물지 못하고 안에 피가 고여 있었나 봐요. 그래서 그때 고여 있던 피를 짜낸 적이 있는데, 그때 일부러 의료보험을 안 했어요. 가족들이 원하지 않았으니까 비보험으로 했고, 그래서 비용이 좀 많이 부담된 적이 있었어요. 엄청 비싸더라구요." (20대 트랜스여성 G)

"저 같은 경우에는 BB 병원(해외)에서 했다가 잘못되어 가지고 CC(해외)라는 다른 병원에서 재수술을 작년 11월 말에 받았었어요. 그래서 나중에 알고 보니까 BB 병원에서 했다가 잘못되어서 CC 병원으로 가는, 재수술하러 가는 사람들이 생각보다 많다고 하더라구요. 요도 위치가 잘못되어 가지고 소변볼 때 줄줄 흘러 내리고. 그리고 또 소음순 부분에 질이 확 튀어나와 가지고 걸을 때마다 아파서 계속 걷지도 못하는 상태, 이런 문제를 겪었던 사람이 저 말고 또 있더라구요. 그분이랑 연락이 닿아 가지고, CC 병원으로 가 보라고 해서 겉 부분을 거의 다 뜯었고, 요도 위치도 바로잡고 그리고 다른 소음순이랄지 클리토리스라든지 이런 것도 교정을 해 가지고, 요도 위치 교정하고 나서 소변보기는 이제 편해지긴 했는데 아무래도 재수술이다 보니까 피부가 모자라서 모양이 좀 수술한 티가 나는, 그런 상태가 되어 버렸어요. 처음부터 잘되어야 되는데 아무래도 재수술이니까."

(20대 젠더퀴어 K)

"누군가는 트랜스젠더 진료를 했으면 좋겠다.
그리고 진료하는 곳은 안전했으면 좋겠고,
진료를 하는 의사도 믿을 만하면 좋겠다."

4

~~~~~~~~~~~~~~~~~~

우리에겐 이런 의사가 필요하다

: 소수자가 건강한 사회는 모두가 건강한 사회

트랜스젠더 진료하는
우리 동네 주치의 추혜인

(가정의학과 전문의)

가정의학과 전문의인 추혜인 선생님은 2012년부터 살림의료복지사
회적협동조합 부설 살림의원에서 원장으로 일하고 있다. 살림의원
에서는 트랜스젠더에게 의료적 트랜지션의 일환으로 호르몬 치료를
제공할 뿐 아니라, 감기나 당뇨 진료와 같은 일반적인 의료서비스
역시 제공하고 있다. 한국에서 트랜스젠더를 가장 많이 진료하는 의
사 중 1명인 그녀는 트랜스젠더의 삶과 건강을 곁에서 지켜보고 응
원하는 의료진의 역할이 중요하다고 강조했다.

레인보우 커넥션 프로젝트 연구팀(이하 레인보우): 살림의원은 트랜스
젠더 커뮤니티에서 트랜스젠더 친화적인 병원으로 유명하다. 본인과

이 글은 레인보우 커넥션 프로젝트 연구팀이 2017년 2월 16일 진행한 인터뷰로, 다음 스토리펀딩 '트
랜스젠더 건강 연구 시작합니다'의 연재글 <6화 트랜스젠더 진료하는 동네 의사 선생님> (https://
storyfunding.daum.net/episode/19092)을 수정, 보완했다.

살림의원에 대한 소개를 부탁한다.

➤   추혜인: 가정의학과 전문의로서, 살림의원에서 트랜스젠더 환자들을 진료하고 있는 추혜인이다.

살림의원은 평등, 평화, 협동이라는 협동조합의 이념을 기반으로, 여성주의자와 지역주민이 함께 모여 민주적으로 만들고 직접 운영하는 의원이다. 서울 은평구에 있고, 지역주민들과 의료인이 건강, 의료, 생활과 관련한 문제를 함께 해결하고자 의료 기관을 설립했다. 의료 기관 소유와 운영을 주민과 함께하고 있는 의료 기관, 주민자치조직이라고 보면 된다. 살림의원 외에도, 살림치과와 운동센터인 다짐이 있다.

지역주민들이 민주적으로 운영하는 의료 기관

레인보우: 살림의원은 기존의 다른 의원과 무엇이 다른가?

➤   추혜인: 의과대학 학생 때, 일본 의료협동조합에 방문할 기회가 있었다. 일본에서는 의료협동조합이 종합병원도 두고, 규모도 굉장히 컸다. 직접 가서 봤더니 치매를 앓거나 장애를 가진 분들이 의료협동조합에서 운영하는 주간 보호시설, 병의원에서 행복하게 지내고 있었다. 당시 한국은 2008년 노인장기요양보험제도가 시행되기 전이었는데, 지역 사회에서 노인분들을 대상으로 의료서비스를 제공하고 건강관리를 하고 있다는 것에 놀랐다. '아, 이런 곳이라면 나의 노년을 보낼 수 있겠다'라고 생각했고, 이런 고민을 주위에

있는 여성주의를 같이 공부하던 친구들, 선배들과 나누기 시작했다.

당시 '언니네트워크'라는 단체에서 활동하고 있었는데, 우리가 늙어서도 건강하고 행복하게 커뮤니티를 이루며 살기 위해서는 '평등한 의료'가 꼭 필요하다고 생각했다. 그래서 친구들과 의기투합해 병원부터 만들기로 했다. 그때부터 의료협동조합에 대해 공부했고, 본격적으로 준비하면서 지역을 기반으로 해야겠다고 생각했다. 은평구와 협약해서 은평구 주민들 혹은 주변에 사는 주민들과 함께 의료협동조합을 결성했다. 그리고 지역 사회에 기반해 남녀노소 가리지 않고 진료할 수 있도록 가정의학과를 개원했다.

다른 일반 의원과 비교했을 때, 살림의원의 가장 두드러진 차이점은 지역주민과 의료인이 함께 소유하고 운영한다는 점이다. 그래서 수익을 내는 것보다 조합원들이 살림의원을 민주적으로 운영하는 과정을 우선시한다. 치료에 집중하는 기존 의원과 달리, 살림의원은 치료와 더불어 질병 예방을 중요하게 생각한다. 조합원에게 무엇이 필요하고 조합원이 무엇을 원하는지, 건강한 마을 공동체를 만들기 위해서 어떤 예방사업이 필요할지 다 함께 모여 고민하고 실천한다.

레인보우: 트랜스젠더 진료에 대한 고민은 어떻게 시작되었나?

➠→ 추혜인: 대학 다닐 때부터 여성주의를 같이 공부하던 친구들이 있었다. 우리들 중 성소수자가 많이 있었고, 트랜스젠더 친구도 있었다. 살림의원 개원을 준비할 때 함께했던 조합원 중 트랜스젠더

가 있었는데, 나에게 이렇게 이야기했다.

"누군가는 트랜스젠더 진료를 했으면 좋겠다. 그리고 진료하는 곳은 안전했으면 좋겠고, 진료를 하는 의사도 믿을 만하면 좋겠다. 트랜스젠더인 자신이 안심하고 진료받을 수 있는 의료 기관이 있으면 좋겠다"고. 그런데 당시 나는 트랜스젠더의 호르몬 치료에 대해 아는 게 없었다. 그 친구에게 나는 트랜스젠더와 관련해 의과대학에서 배운 적도 없고, 가정의학과 수련을 받을 때도 배운 적이 없다고 말했다. 그랬더니, 친구는 "어차피 다른 의사들도 다 몰라, 어차피 다 모르는 거면 믿을 수 있는 사람이 공부해서 진료해 주면 좋겠어"라고 했다. 그 말을 듣고 용기를 내서 살림의원에서 진료를 시작하게 되었다.

60대 트랜스젠더의 호르몬 치료 이야기

레인보우: 어디에서도 트랜스젠더 호르몬 치료에 대해 배운 적이 없다고 했다. 혼자 공부했나?

➠ 추혜인: 처음에는 외국 자료들을 찾는 것부터 시작했다. 외국에는 호르몬 치료에 대한 공식적인 가이드라인이 잘되어 있다. 필요한 검사의 종류나 주기, 용량 등이 굉장히 자세하게 나와 있다. 그런데 그게 한국인에게 딱 맞게 적용할 수 있는 가이드라인이 아니다. 예를 들어, 외국에서는 성별정체성의 혼란을 겪을 10대 초중반 무렵부터 정신과 의사 혹은 심리상담사와 지속적으로 상담하면서

자신의 성별에 대해 고민한다. 그리고 대개 10대부터 호르몬 치료를 시작한다. 몇몇 나라에서는 당사자뿐 아니라 가족에 대한 상담까지 재정적으로 지원한다.

하지만 한국은 호르몬 치료를 시작하려는 분들 가운데 20~30대가 많고, 가끔은 50~60대도 있다. 그리고 외국 가이드라인에서 권장하는 정도로 충분한 기간 동안 정신과 심리 상담을 받은 분들은 정말 드물다. 다른 나라에서 트랜스젠더는 정신과나 심리상담센터에서 전문가들과 함께 상담하면서 성별정체성의 혼란을 겪는 시기를 지나지만, 한국에서는 거의 모든 트랜스젠더가 그 시기를 혼자서 힘들게 겪은 후 병원에 찾아온다. 나름대로 인생의 답을 찾은 상태에서 살림의원에 찾아오는 거다. 그런 분들께 왜 정신과에서 6개월 이상 상담을 받고 오지 않았느냐고 할 수는 없다.

한번은 60세가 넘은 MtF 트랜스젠더분께서 찾아와 호르몬 치료를 받고 싶다고 했다. 그 나이에 호르몬 치료를 시작하는 건 위험할 수 있다. 초기 용량을 얼마로 시작해야 하는지, 투약 주기는 얼마나 자주 할지, 또 어떤 부작용이 있는지 알려진 내용이 없기 때문이다. 그래서 그분을 설득하려고 했다. 대개 트랜스젠더의 경우 60대는 호르몬 치료를 다 끝내는 시기이고 갱년기가 지난 시점이라, 여성 호르몬 치료를 하는 게 오히려 위험하다고 말씀드렸다.

그런데 그분 말씀이 이랬다. 젊었을 때는 호르몬 치료라는 것이 있는지도 몰랐다고. 나중에 호르몬 치료에 대해 알게 되었지만, 이미 결혼하고 아이까지 있어서 할 수 없었다고. 이제는 아이들도 시집 장가 다 보냈고 아내와는 이혼했다고 하면서, 죽을 때 죽더라도 여자 몸으로 죽고 싶다고 했다. 순간 너무 울컥했다. 그래서 전 세계 어느 나라, 어떤 의사도 권장하지 않을 60대 노인에게 호르몬 치료를 시작하고 말았다. 시작은 했는데, 언제 끝을 내야 하는지 아무런 근거가 없어서 계속 고민 중이다. 그래도 너무 행복해하는 모습을 보면 시작하길 잘했다 싶다.

레인보우: 현재 트랜스젠더 호르몬 치료는 해외 가이드라인을 따라가는 게 최선이지만, 한국인에게 딱 맞는 지침서가 아니다.

➠ **추혜인:** 기존 해외 가이드라인을 한국인에게 적용할 때, 주기나 용량 같은 것부터 인종적인 차이가 많이 나고, 비용 문제 때문에 가이드라인대로 할 수 없는 부분이 있다. 가이드라인에는 1~2주에 한 번 앰플의 반 정도를 주사하라고 되어 있어도, 현실적으로 1주에 한 번 의원에 오는 게 힘들다. 주사약도 비싸니까 2~4주에 한 번, 한 앰플씩 주사하는 식으로 바꿔서 시행한다. 정기적으로 트랜스젠더를 만나면서 부작용은 없는지, 합병증은 없는지 체크하는 것이 필요하다. 호르몬 치료는 거의 일생 지속해야 한다. 이로 인해 만성 질환이 생길 수도 있기 때문에 호르몬 치료와 관련 없는 만성 질환 관리도 함께하는 게 필요하다.

특히 남성 호르몬인 테스토스테론 같은 호르몬 치료를 시작하게 되면 근육이 자라는 효과가 있다. 그런데 청소년기에 성장하는 과정에서 근육이 자라는 것과 성인이 다 된 신체에서 근육이 갑작스

185

럽게 늘어나는 것은 신체의 생리적 반응이 다르다. 하지만 어떤 증상이 어떻게 나타나는지 정확히 규명되어 있지 않아서, 여러 환자를 진료하면서 알게 되는 것이 더 많다. 예를 들면, 급격하게 근육이 자라면서 혈액순환이 잘 안 되고 신경이 눌리면서 손발저림증상이 나타난다든가, 심장 근육이 비대해져서 협심증 증상이 나타나는 등의 경우를 많이 보게 된다. 이런 증상은 사람마다 다르게 나타나기 때문에, 정기적으로 만나면서 호르몬에 대한 신체 반응도 확인하고 다른 문제가 생기지 않는지 확인해야 한다.

트랜스젠더를 진료하는 의사들이 많아졌으면…

레인보우: 호르몬 치료 과정에서 예상치 못한 부작용이 발생할 수 있을 것 같다. 어떻게 대처하나?

➠→   추혜인: 초기에는 부작용이나 약물 농도 조절 때문에 특히 더 자주 만나야 된다. 출생 시 법적 성별이 여성인 경우 생리적으로 호르몬 농도의 정상 범위가 넓기 때문에, 호르몬의 농도 조절이 어느 정도로 이루어져야 하는지 근거가 빈약하다. 남성 호르몬의 경우, 농도 조절 범위는 비교적 정리되어 있다. 그러나 개인마다 편차가 있기 때문에, 결국은 트랜스여성과 트랜스남성 모두 주기적인 상담이 중요하다. 물론 자신에게 맞는 호르몬 용량과 주기를 찾고 이 호르몬 농도가 안정적으로 유지되기 시작하면, 아주 자주 만날 필요는 없지만 정기적인 체크는 반드시 필요하다.

안정기에 접어들고 나면, 사실 만성 질환을 관리하는 것과 동일하다. 호르몬 치료는 젊었을 때 잠깐 하는 게 아니라 50대가 되어서도 계속 필요한 치료다. 이 과정에서 많은 만성 질환이 발생할 수 있고, 호르몬 치료가 흔히 성인병이라고 하는 고혈압, 당뇨, 간질환 같은 만성 질환들의 발병률을 높이는 경우도 있다. 그런데 많은 경우 호르몬 치료에만 관심을 가지고, 호르몬 치료에 동반되는 다른 건강 위험요인에 대해서는 주의를 기울이지 못하기도 한다. 결국 교육과 예방에 최선을 다하는 수밖에 없다. 그러다 보니 맨날 술 줄이고 담배 끊고 운동하고 물 많이 마시라고 잔소리를 하게 된다. 이런 잔소리를 듣기 위해서라도 주기적으로 의사를 만나는 건 꼭 필요하다.

레인보우: 전국 각지에서 호르몬 치료를 받기 위해 살림의원으로 온다고 들었다. 멀리서 정기적으로 찾아오는 게 쉽지는 않겠다.

⋙→ **추혜인:** 실제로 어떤 분은 몇 개월 만에 진료를 받으러 오셨다. 그 사이 간수치가 비정상적으로 올라가 있어서 굉장히 위험한 상태였다. 알고 보니 빨리 몸이 변했으면 하고 호르몬을 자의로 너무 많이 투여했고, 술까지 많이 먹고 있었다. 그리고 트랜스여성의 경우, 호르몬 치료를 받으면 여성 호르몬 부작용으로 정맥 내 혈액이 굳어서 덩어리가 생기는 정맥혈전증 위험이 있다. 흔히 발생하는 질환은 아니지만, 발생하면 초응급 상황이다. 응급실로 가서 바로 혈전을 녹이는 치료를 해야 하는데, 주로 치료 초기나 호르몬 농도가 급격하게 변하는 시기나 자의로 호르몬을 과다 투여하는 경우에

발생하게 되므로 예방에 만전을 기해야 한다. 그래서 금연, 금주, 운동, 물 많이 마시기 등 계속 잔소리를 하게 된다. 아직까지는 살림의원에 내원한 트랜스젠더 중 정맥혈전증이 발병한 경우는 없다. 아무래도 잔소리가 좀 먹히나 보다.(웃음) 그리고 큰 수술 앞뒤로 호르몬 치료를 잠시 중단하는 등 예방조치도 필요한데, 이런 상담도 호르몬 치료를 잘 아는 의사에게 받는 것이 낫다고 본다.

트랜지션을 응원하는 지지자가 필요하다

레인보우: 트랜스젠더 진료를 하는 병원도 적지만, 의료적 트랜지션에 드는 비용도 건강보험으로 적용받지 못한다. 또 의료적 트랜지션이나 호르몬 치료에 대한 정보도 부족하다.

➠ 추혜인: 가끔 부모님의 반대로 호르몬 치료를 시작하지 못해서 힘들어하는 분들이 있다. 대개의 경우 부모님은 호르몬 치료가 자식의 건강을 해칠까 봐 걱정한다. 치료를 하다 보면 '건강이 나빠지지 않을까, 일찍 죽는 거 아닐까?' 이런 걱정을 하시면서 반대하는 분들이 많다. 이것도 결국 호르몬 치료에 대해 잘 모르고, 알려지지 않아서 생긴 문제라고 생각한다. 그럴 때는 내가 직접 부모님을 설득한다. 관리되지 않은 호르몬 치료는 위험할 수 있지만, 주치의를 계속 만나고 검사와 상담을 병행하면서 치료하는 경우는 위험한 상황이 많이 생기지 않는다고 설명을 드린다.

188   오히려 비용이나 부모님의 반대 때문에 호르몬 치료를 비공

식적으로 받는 이들도 있다. 예를 들면 온라인에서 약제를 직접 구매해 자가 주사하는 경우다. 이럴 때는 정말 위험한 상황에 이를 수 있다. 본인의 몸에 맞는 호르몬 용량을 잘 파악하지 못한 상태로 과도하게 투여하는 경우들이 있고, 트랜스여성의 경우 약국에서 파는 피임약을 먹어서 호르몬 농도가 이상하게 꼬여 있는 상태로 오기도 한다. 이런 경우에 호르몬 치료를 제대로 시작하고 나서도 몸이 변화하고 적응하는 데 시간이 한참 더 걸리기 때문에, 효과적이지 못하고 오히려 건강을 해칠 수 있다.

무엇보다 부모님이 같이 오면, 그분들의 이야기를 들으려고 노력한다. 호르몬 치료를 왜 반대하는지, 가족 내 관계는 어떤지, 또 자녀의 성별정체성에 대해 언제부터 알고 있었는지 등에 대해서 여쭤보고 듣는다. 사실 살림의원에 올 때는 자녀분의 커밍아웃에 굉장히 충격을 받고 오는 부모님이 많다. 그러면 이분들의 충격과 불안을 앞으로 어떻게 극복할 수 있을지에 대해서 상담하는 것도 필요하다. 진료실 안에서 상담하는 것으로는 부족하니까, 부모님들을 위한 자조모임을 소개하기도 하고 상담을 권하기도 한다.

레인보우: 트랜스젠더는 아프면 병원에 가는 것도 쉽지 않다. 병원에 가려면 의사나 간호사들이 자신을 어떻게 받아들일지 걱정하며 스스로 위축되는 경우도 많다.

⟫→ 추혜인: 살림의원을 찾아오는 트랜스젠더 환자 수가 하루에 적게는 10명, 많으면 20명 정도다. 대부분 호르몬 치료와 관련된 진

료를 받으러 온다. 물론, 호르몬 치료 외에 다른 건강 문제로 오는 분들도 있다. 2주나 4주에 한 번, 나를 만나서 호르몬 치료를 하고 있는 분들이 그 사이에 감기에 걸리거나 장염에 걸리면 살림의원으로 온다.

트랜지션 과정 중이라서 다른 병원에 가기가 부담스럽기 때문이다. 다른 병원에 가면 접수할 때 주민등록증을 보여 주는 것부터, 트랜지션 중이라고 설명하는 과정 자체가 힘이 드니까. 또 투약 중인 호르몬과 새롭게 복용하는 다른 약물 사이에 상호 작용이 있을까 봐 걱정되어 오는 경우도 많다. 호르몬 치료부터 일반 진료까지 받으려고 전국 곳곳에서 부산, 대구, 목포, 심지어 제주도에서도 온다. 이분들 입장에선 이게 쉬운 일이 아니다. 초기엔 2주에 한 번씩 와야 하는데 그러면 시간과 비용 면에서 환자에게 모두 부담이 된다. 그럴 때는 이분들 가까이에 호르몬 치료를 하는, 믿을 수 있는 의료 기관이 있으면 얼마나 좋을까 생각한다.

다행히 요즘은 호르몬 치료하는 의료 기관이 조금씩 늘어나는 추세다. 개인적으로는 그동안 진료하면서 쌓아 놓았던 데이터를 학회에서 강연을 통해 다른 의사들과 공유하기도 하고, 트랜스젠더 호르몬 치료를 하겠다는 의사들이 있으면 살림의원에 와서 배우기도 한다. 또 살림의원에서 새롭게 일하는 의사들은 모두 호르몬 치료의 경험을 쌓도록 훈련받는다. 어느 정도 정립된 '살림 프로토콜'을 따라서 진료하는 건 어려움 없이 잘하고 있고, 조금 예외적인 상황이 생길 때면 나와 같이 의논해서 진행하고 있다.

트랜스젠더가 불편하지 않은 병원

레인보우: 의사나 간호사 등 의료진 이외에 의료 기관의 시설 문제도 중요하다. 요즘은 화장실 등 성소수자 친화적인 환경에 대한 고민도 늘고 있다. 살림의원 화장실도 트랜스젠더에 대한 고민에서 만들어졌다고 들었다.

➡   추혜인: 트랜스젠더가 아플 때 긴장할 필요 없이 편하게 찾아갈 수 있는 병원이란 어떤 곳일지 생각해 보자. 자신이 트랜스젠더라는 걸 원하면 밝히고, 원하지 않으면 밝히지 않아도 되는 자유가 보장되는 곳이라고 본다. 의원에서는 사실 성별정체성을 밝히는 것이 치료에 도움이 되는 경우가 많다. 그러나 스스로가 성별정체성을 밝힐지 여부를 충분히 선택할 수 있을 만한 환경을 만드는 게 중요하다. 본인이 성별정체성을 드러낼 때 불이익을 받을 수도 있다는 생각이 들지 않아야 한다. 그래서 살림의원에 내원하는 많은 트랜스젠더들이 대기실과 진료실에서 편안함을 느낄 수 있는 환경을 만들려고 노력하고 있다.

    살림의원을 찾는 트랜스젠더가 여자 화장실과 남자 화장실로 분리된 화장실을 이용할 때, 다른 사람의 시선 때문에 힘들 수 있을 거라고 생각을 했다. 특히 2016년 강남역 살인사건이 일어나고 난 뒤 공용화장실에 대한 여성들의 불안감이 최고조에 달했는데, 이런 불안감을 뒤로 하고 남녀공용화장실만을 운영하는 건 적절치 않다고 생각했다. 또 법적으로, 장애인 화장실은 남녀 화장실이 분리 191

되어 있어야 한다. 이런 고민을 하면서 조합원들과 의논을 했다. 이 모든 요건을 충족할 수 있는 화장실은 어떤 화장실일까? 이런 이야기를 나누다 보니, 한쪽은 여성 및 여성 장애인 전용 그리고 한쪽은 '가족 화장실'이라는 이름으로 여성, 남성, 남성 장애인 모두 이용 가능한 화장실을 고안해 냈다. 가족 화장실 안에는 남성 장애인 전용 화장실 칸을 마련했고.

이렇게 화장실을 만들고 보니, 트랜스젠더만이 아닌 다른 환자들도 편하게 이용하는 경우가 많았다. 예를 들어 살림의원에는 아빠와 딸, 엄마와 아들 등 소아환자와 보호자의 성별이 다른 내원객이 많은데, 만약 아이가 뒤처리를 혼자 할 수 없는 경우라면 보호자가 동행해야 된다. 그렇다면 아빠가 딸 아이를 데리고 화장실을 가야 하는데 화장실이 남/녀로 구분되어 있으면, 어느 화장실로 가야 할지 고민이 될 수 있다. 살림의원에 오는 분들은 아이를 데리고 가족 화장실로 가면 된다. 이 과정에서 트랜스젠더에 대한 고민도 스

사진 2 | 모두가 불편하지 않은 살림의원 화장실(왼쪽: 가족화장실/공용화장실, 오른쪽: 여성전용화장실).

며들었다. 남녀로 분류되지 않는 사람들은 화장실을 어떻게 이용해야 할까? 결과적으로 트랜스젠더도, 아동의 보호자도, 모두 편하게 이용할 수 있는 화장실을 만들게 되었다.(사진 2)

트랜스젠더를 마주하는 살림의원의 자세

레인보우: 시설 못지않게 병원직원과 의료진의 태도도 중요하다.

⟫→   추혜인: 물리적으로 친화적인 환경을 조성하는 만큼 직원들의 태도도 중요하다. 직원들은 기본적으로 환자의 선택을 응원하는 자세를 가질 필요가 있다. 트랜스젠더로 살아가려는 쉽지 않은 선택을 했고, 열심히 노력하고 있으니까, 이들을 지지하고 응원하는 태도가 중요하다. 그리고 그에 맞게 교육도 필요하다. 살림의원 직원들은 협동조합과 민주주의 의사결정에 대해서 다양한 교육을 받는다. 2017년에는 비폭력대화 워크숍과 트랜스젠더 환자를 위한 워크숍을 진행했다. 직원 1명이 트랜스젠더가 되어 살림의원을 검색하고 직접 진료받기까지의 과정을 재구성해 보았다. 직원들이 이런 경험을 통해서 트랜스젠더의 삶에 조금 더 가까이 다가가기를 원한다.

지금 열리고 있는 살림 여성주의 학교에서도 직원과 조합원이 트랜스젠더에 대한 얘기를 나누는데, 의원 대기실에서 아이들이 어떤 환자를 빤히 쳐다보거나 "저기요. 남자예요, 여자예요?" 물어서 죄송했다는 얘기들이 있었다.

어쨌든 가장 중요한 건 직접 부딪혀서 만나는 것이다. 직원들 193

과 조합원들도 처음에는 트랜스젠더를 만나는 일을 어색해했다. 그런데 살림의원에서 트랜스젠더를 자주 만나다 보니, 갖고 있던 편견이 옅어졌다. 트랜스젠더를 1명만 알고 있으면 그 사람의 특징이 전체 트랜스젠더의 특징인 것처럼 보일 수 있지만, 트랜스젠더를 10명, 100명 알고 있으면, '트랜스젠더니까', '트랜스젠더라서'라는 생각은 사라진다. 트랜스젠더도 각양각색 개성이 있다는 것을 알게 되는 거다. 지금은 너무 익숙해서 다른 환자들한테 하는 것처럼 농담을 주고받는다. 자주 만나는 게 정말 중요하다.

물론 1명이라도 트랜스젠더를 '친구'로 사귀는 건 또 다른 일이다. 트랜스젠더 친구가 1명이라도 있는 사람과 그렇지 않은 사람의 삶은 너무 다르기 때문이다. 직접 만나고 교류하는 게 가장 중요한 교육이라고 생각한다.

의학 교육 과정도 함께 변해야 한다

레인보우: 트랜스젠더가 더 나은 의료서비스를 받을 수 있도록 조금 특별한 교육 과정이 필요하다.

➻ 추혜인: 트랜스젠더 진료와 관련해서는 현재 영국의 보건의료제도 시스템이 합리적이라고 생각한다. 영국은 의료적 트랜지션에 관해 다학제적인 방식으로 접근한다. 특히 청소년기에는 좀 더 집중적인 정신과 상담을 진행하고, 생식내분비계 내과 의사와 외과 의사들이 결합해 젠더클리닉을 운영하고 있다. 필요하면 가족 상담

까지 지원한다. 호르몬 치료나 트랜지션 관련 진료는 이렇게 조금 특별한 젠더클리닉 방식으로 운영되면 좋겠다고 생각한다.

전국에 있는 모든 가정의학과, 산부인과, 비뇨기과 의사들이 호르몬 치료를 해야 한다고 생각하지는 않는다. 트랜스젠더의 호르몬 치료가 감기환자를 진료하는 것처럼 일상적이진 않으니까. 다만 트랜스젠더의 진료 경험과 관련 케이스가 쌓이면, 이를 토대로 치료법을 개선하고 더 나은 가이드라인을 제시할 수 있다. 결국 점점 더 나아지는 의료서비스를 제공할 수 있게 된다. 그래서 수련 과정에도 트랜스젠더에 맞는 조금 더 특별한 훈련이 생기면 좋겠다.

그리고 트랜스젠더가 성기제거나 재건 수술까지 하고 호르몬 치료가 안정되면, 이때부터는 일차의료의 몫이라고 본다. 삶이 안정되고 호르몬 치료의 주기와 용량도 어느 정도 정리가 되면, 여느 갱년기 여성처럼 혹은 여느 만성 질환자처럼 꾸준히 건강을 관리하는 게 필요하다. 앞으로 나타날 고혈압, 당뇨, 간질환 등의 문제를 가까이 있는 의사와 상담하며 관리하는 것이 중요하다. 그런 방식으로 트랜스젠더의 존재를 인식하고 그에 맞는 진료를 할 수 있도록 교육 과정이 바뀌면 좋겠다.

레인보우: 트랜스젠더를 진료하는 의사들에게 하고 싶은 이야기가 있나?
➥　추혜인: 알고 보면 트랜스젠더 진료는 '블루오션'이다. 작년부터 대전에 있는 민들레의료협동조합도 본격적으로 트랜스젠더의 호르몬 치료를 시작했다. 성소수자가 평등하게 의료서비스를 이용　195

할 수 있어야 한다는 대의에 동의했기 때문이다. 대전 근처에 사는 트랜스젠더 1명이 호르몬 치료를 하러 살림의원까지 와야 했다. 당사자 입장에서는 여간 힘든 일이 아니다. 그래서 그분의 상황, 상병명, 주사료 등을 포함한 진료의뢰서를 작성해서 민들레의료협동조합을 찾아가도록 했다. 이런 식으로 민들레의료협동조합에서도 트랜스젠더 진료 경험이 쌓이게 되었다. 대전이 교통도 편하니까, 트랜스젠더 커뮤니티에 소문이 나기 시작하면서 초진환자도 진료하기 시작했다. 지금은 살림의원과 트랜스젠더 진료에 대한 자료를 공유하면서 같이 공부하고 있다. 물론 자가주사법도 교육하고 있지만, 아무래도 쉽지 않아서 대다수의 트랜스젠더가 의원에 많이 의존하고 있는 실정이다. 호르몬 치료는 잠깐 하고 끝나는 치료가 아니라 일생을 계속해야 하는 치료인 만큼, 그 환자의 일생의 건강을 함께 돌본다는 주치의 개념이 꼭 필요하다. 이런 부분에 많은 의사들이 매력을 느낄 것 같다. 무엇보다 진짜 '블루오션'이라니까.(웃음)

트랜스젠더 수술하는
산부인과 의사 윤정원
(산부인과 전문의)

윤정원 산부인과 전문의가 녹색병원에서 트랜스젠더의 자궁절제술을 처음 시작한 것은 2016년 7월이다. 그때부터 트랜스젠더를 만나고 수술에 대해 이야기 나누며 함께 성장해 왔다. 윤정원 전문의가 생각하는 트랜스젠더 진료는 정신과 진단, 호르몬 치료, 신체 절제 및 재건 수술에 국한되지 않는다. 트랜스젠더를 진료하는 의사는 수술을 집도하는 것만 아니라 수술받는 사람의 환경을 고민하고, 수술의 필요성까지 근본적으로 의문을 던져야 한다.

이 글은 레인보우 커넥션 프로젝트 연구팀이 2017년 1월 24일 녹색병원 진료실에서 진행한 인터뷰로, 다음 스토리펀딩 '트랜스젠더 건강 연구 시작합니다'의 연재글 <4화 트랜스젠더 수술하는 산부인과 의사>(https://storyfunding.daum.net/episode/18498)를 수정, 보완했다.

생각보다 많은 준비가 필요하다

레인보우 커넥션 프로젝트 연구팀(이하 레인보우): 본인 소개부터 해 달라.

⋙→　윤정원: 현재 녹색병원 산부인과 과장으로 재직하고 있고, 연구공동체 건강과대안 연구위원, 성과재생산포럼 기획위원으로 활동하고 있다.

레인보우: 트랜스젠더의 수술을 시작하기가 쉽지 않았을 것 같다. 어떻게 수술을 시작하게 되었나?

⋙→　윤정원: 의과대학 다닐 때부터 사람들이 마음 놓고 다닐 수 있는 산부인과에서 일하고 싶었다. 이주 여성, 성소수자, 성매매 여성, 청소년 여성도 편하게 올 수 있는 그런 산부인과 말이다. 녹색병원에서 일하게 되면서 지금 여기서 할 수 있는 걸 찾으려고 했다. 녹색병원은 노동자와 지역주민 중심의 병원을 기조로, 소수자 건강을 위한 진료를 많이 시도한다. 매주 화요일 오후에는 살림의원(살림의료복지사회적협동조합에서 설립한 일차의원)에서 배우기도 하고 진료도 한다. 살림의원에서 자궁절제술을 계획 중인 트랜스남성을 만났고 어느 병원을 가려는지, 비용이 어떤지, 병원에서는 어떤 정보를 주는지 이야기 나누다가 퍼뜩 생각이 났다. '아, 녹색병원에서도 수술이 가능한데!' 그 후에 자연스럽게 수술을 준비해 진행했고, 이후에 다른 분들도 찾아오면서 본격화되었다. 첫 수술이 2016년 7월이었고, 2017년 1월까지 약 10명의 트랜스젠더와 만나 수술을 진행했다. 트

199

랜스젠더 커뮤니티에서도 수술에 대한 평가가 좋아서 요즘은 대전, 부산, 진주 등 지방에서 오는 분들도 있다.

레인보우: 자궁절제술을 준비하면서 남다르게 신경 쓴 부분이 있나?

⇥ 윤정원: 자궁절제 수술은 산부인과 전문의로서 늘 진행하던 수술이라 마음이 무겁지는 않았다. 그 전부터 세계 트랜스젠더 보건의료 전문가 협회가 출간한 해외 자료를 보거나 국내 성소수자 재단인 비온뒤무지개재단에서 주최하는 세미나도 참석했다. 그런데 준비하면서 '아, 생각보다 준비할 게 진짜 많았구나!'라는 걸 깨달았다. 살림의원에서 트랜스젠더를 위한 호르몬 요법에 대해 배우고, 내가 알고 있는 산부인과 관련 지식과 여성 호르몬이나 남성 호르몬과 관련한 내분비 지식도 공유하면서 수술에 대한 자신감을 높여 갔다.

레인보우: 사실 트랜스젠더 입장에서는 병원 가는 데 어려움이 많다. 직원이나 간호사의 시선 때문에 병원 가기 싫다는 이야기도 적지 않다.

⇥ 윤정원: 병원에 오면 의사만 만나고 가는 게 아니다. 접수 창구부터 산부인과 외래 진료 담당 간호사, 수술받게 되면 입원 병동 간호사, 수술하러 가서 만나는 수술실 간호사까지 여러 명을 만나게 된다. 그런데 트랜스젠더에 대한 직원의 인식은 교육으로만 바뀌지 않는다. 트랜스젠더에 대한 최소한의 소개나 정보도 없이 계속 만나도록 노출만 시킨다고 감수성이 생기는 것도 아니다. 2016년 말부터 트랜스젠더 환자가 늘어나면서 외래 진료실과 수술실에서 근무하는

직원들과 이런 이야기를 진지하게 나눴다. 지금은 직원들의 생각을 듣고 대화를 나누며 서로 인식을 넓혀 가고 있다.

레인보우: 직원 교육에 대해 어떤 계획을 갖고 있나?

➠　윤정원: 아직 전 직원 대상으로 교육을 진행하기는 힘들다. 트랜스젠더 환자가 늘면서 이들을 만나는 직원도 늘고 있고, 그 과정에서 조금씩 익숙해지고 있다고 본다. '트랜스젠더를 처음 봤다'고 놀라는 감정부터 조금씩 트랜스젠더를 받아들이는 과정을 겪고 있다. 처음부터 완벽한 진료 환경을 만들 수는 없다. 단시간에 무리하게 진행할 수도 없고. 나 스스로도 트랜지션 관련 수술을 시작하면서 배우는 게 많은 만큼, 병원직원이나 트랜스젠더 커뮤니티도 같이 성장하고 있다고 생각한다.

의사가 소통하고 배워야 한다

레인보우: 가장 준비가 안 된 사람이 의사일 수 있다. 의사 간에 트랜지션 수술에 대한 의견 차이가 있으면 어떻게 대처하는가?

➠　윤정원: 녹색병원에서 외과-산부인과 동시 수술(가슴절제-자궁절제)을 시작한 지는 얼마 안 됐지만, 외과 선생님들은 든든한 파트너. 한 트랜스남성이 자궁절제술을 받으러 왔다가 가슴제거 수술도 같이하고 싶다고 해서 시작했는데, 외과 선생님들도 트랜스젠더 수술 경험이 처음이었다. 한 번 하시더니 "어, 할 만한 거 같다" 201

고 하더라.(웃음) 두 번째 동시 수술은 2017년 1월에 진행됐는데, 이 건은 고무적이었던 사례였고 이를 계기로 외과 선생님들과 많은 대화를 나누게 되었다. 수술받았던 분은 당시 고등학교를 졸업하고 대학 입학 전에 병원에 왔다. 부모님이랑 같이 왔는데 어머님이 자녀의 성별정체성을 지지해 주고 존중해 주었다. 당사자 입장에서는 대학 들어가기 전에 성별정정을 하고 외양을 바꾸고 학교 입학하는 게 사회 적응에 필수적이면서도 당연한 과정이다. 이분이 주민등록상으로는 만 18세였는데, 외과 선생님은 처음에 미성년이라고 수술하기를 꺼려했다.

레인보우: 미성년에 대한 수술이라 의견을 조율하기 쉽지 않았겠다.

⇒   윤정원: 그걸 계기로 외과 선생님과 의논을 많이 했다. 부모 동의가 있으면 미성년자도 트랜지션 과정인 호르몬 치료나 수술 모두 할 수 있다. 예를 들어, 대학교 때까지 본인의 생물학적 성별(여성)을 바꾸지 못해서 여자대학교를 졸업했다고 하자. 나중에 트랜스남성으로 성별정정을 하면 주민등록번호 1로 시작하니까 여대 졸업장은 무용지물이다. 고졸로 살 수밖에 없다. 나는 부모 동의와 상관 없이, 미성년자일 때 트랜지션하는 게 더 좋다는 입장이다. 가능한 이른 시기에 본인의 성별정체성을 확립하도록 결정해야 한다. 그런데 외과 선생님들 생각은 달랐다. 처음에 부모 모두 동의한 사례라고 전했다. 그랬더니 외과선생님들은 "부모한테 (수술을 하는 것이 낫다는) 영향을 받아서 결정 내렸을 수도 있다"고 하더라. 그래서 "그럼 트랜

지션을 반대하는 부모님의 영향을 받아 환자가 수술을 포기하는 건 아니지 않습니까?"라고 말했다. 결국 당사자 본인의 의견과 결정을 존중하는 방향으로 잘 합의되었다. 같은 의료진이라도 진료나 수술 과정에서 의견이 엇갈리는 부분도 많고 토론해야 할 게 많다. 아직은 트랜스젠더의 의료적 트랜지션에 대해 전혀 모르시는 분들이 더 많고…….

교과서에 없는, 보험 적용 안 되는 수술

레인보우: 6개월 정도 트랜지션 관련 수술을 해 왔다. 어떤 점이 힘든가?

⋙→　윤정원: 여성의 자궁절제술이란 병적인 존재인 자궁을 제거하는 관점을 가지고 접근하는 수술 방식이다. 그런데 트랜스젠더의 자궁절제술은 그런 관점을 가질 수가 없고 가져서도 안 된다. 트랜스젠더에게 시행하는 자궁절제술은 병적인 증상이 없는 자궁을 제거하는 거니까. 트랜지션을 받는 분들이 대개 20대나 30대니까 자궁 내 혈류가 상당히 많은 편이다. 수술 후에 출혈도 많은 편이어서 염증이 생기면 잘 낫지 않는 경우도 많다. 호르몬 치료를 받던 분이라면 수술 전에 점검해야 할 것도 있다. 호르몬이 간에서 대사가 되고 마취 약도 간에서 대사가 되니까, 수술 전에 간 기능 관련 검사를 통해 간 수치를 살펴봐야 한다. 호르몬 투여 중이기 때문에 다른 분들에 비해 마취에서 잘 안 깨는 경우도 있기 때문이다. 이런 정보를 모르고 있다가, 수술을 여러 차례 진행하면서 알게 되었다. 문헌이

나 논문이 적어서 현재로서는 의사 개인이 직접 수술하거나 진료하면서 배울 수 밖에 없다.

레인보우: 환자를 만나면서 어려웠던 점은 무엇이었나?

➳　윤정원: 트랜지션을 위해서든 질병 치료를 위해서든 똑같은 자궁절제술이니까, 수술하는 방식이나 기구는 같을 수 있다. 그런데 사소하더라도 분명한 차이가 있다. 가장 난감하고 힘들었던 건 합병증 사례다. 트랜스남성의 수술에서는 질을 절제하고 봉합하는 경우가 있는데, 잘 아물지 않아 출혈이 오래 지속됐다. 수술 후 한 달까지 이어져서 크게 걱정했고 여러 번 내원해서 지혈을 했는데, 출혈이 계속되니까 결국 재수술을 해야 했다.

레인보우: 합병증 때문에 힘들었던 건가?

➳　윤정원: 합병증 자체가 아니라 그 이후가 문제다. 이런 합병증 사례가 여성이 받은 자궁절제술 후에 생겨났다고 생각해 보자. 여성의 경우, 병적인 자궁절제술을 하고 나면 합병증이나 후유증이 있을 수 있고 그에 대한 처치까지 건강보험이 적용된다. 그런데 트랜스젠더의 트랜지션과 관련된 수술은 모두 비급여 항목이다. 병원마다 수술비는 제각각이고 자궁절제술과 관련한 합병증과 관련한 검사까지 본인이 부담해야 한다. 그런 점이 처음에는 굉장히 난감했다. 수술을 받으러 오는 트랜스젠더는 이미 수술비를 지불했는데, 재수술까지 하면 비용이 더 오른다. 성전환 수술에 의료보험 적용이

안 되니까, 환자와의 신뢰 형성에 문제가 생길 수도 있다고 보았다.

트랜스젠더의 수술은 끝이 아니라 시작

레인보우: 의사가 수술을 준비하면서 가장 고민해야 할 것은 무엇일까?

⋙→ 윤정원: 트랜스젠더의 현재 상황을 이해해야 한다. 파트너가 있는지, 그리고 삽입섹스 경험이 있는지에 따라 수술 방법이 달라지기도 하니까. 수술 전후로 호르몬 조절을 어떻게 해야 할지도 중요하다. 트랜스남성은 호르몬 치료를 하면 혈색소 수치가 올라가는데, 그러면 수술 후에 혈색소 수치가 얼마나 떨어졌는지 점검하고 출혈이 얼마나 될지 예상해야 한다. 그 과정에서 검사 결과를 어떻게 해석해야 하는지 어떤 처치를 내릴지도 중요한 임상적 지식이다. 그 외에 수술 후에 지지해 주고 돌봐 줄 수 있는 보호자가 있는지도 알고 있어야 한다. 수술할 때 보호자를 반드시 동반하라고 하지는 않지만, 친구나 지지해 줄 사람이 1명이라도 와야 수술 후에 환자를 돌봐 주지 않겠나. 수술 후에 얼마나 쉬어야 할지 조언하려면, 직업이 무엇인지 아는 것도 중요하다. 그래야 수술받기 전에 휴식할 기간을 충분히 가질 수 있다.

레인보우: 보통 병원을 가도 진료하는 의사가 환자의 상황을 모두 알기란 쉽지 않다.

⋙→ 윤정원: 사실 한국에 자궁절제술을 할 수 있는 산부인과 의

사는 굉장히 많다. 다만 종합적인 접근을 하는 게 중요하다고 생각한다. 트랜지션 관련 수술은 성별정정을 하기 위한 목적으로 많이 받는데, 일부 지방법원은 성별정정 허가를 잘 해 주지 않는 곳도 있다. 그럼 수술 받으려는 환자가 어디 사는지도 물어봐야 한다.(웃음) 나도 트랜스젠더를 직접 만나고 이야기하면서 알게 되는 부분이 많다. 그동안 놓쳤던 부분도 새롭게 배우게 되고, 결국은 서로 성장하고 배우는 과정이다. 무엇보다 우선 더 많은 의사가 의료적 트랜지션을 제공할 수 있으면 좋겠다. 트랜스젠더 집단이 갖는 특수성이 있으니 경험 있는 의사들이 노하우나 정보, 지식을 공유했으면 한다.

레인보우: 트랜지션을 하는 의사가 많아지려면 의학 교육에서 가르치는 게 중요하다. 의학 교육에서 보충되어야 할 부분은 무엇일까?

⋙→ 윤정원: 의과대학 교육에서 트랜스젠더를 비롯한 성소수자에 대해 소개하고 교육하는 건 필요하다. 그런데 의대에서 트랜스젠더의 호르몬 치료나 성전환 수술까지 모두 다루기에는 한계가 있다. 모든 내용을 의대 교육에 포함시키는 건 불가능하다. 의사라고 해서 좀 더 높은 도덕적 수준을 갖고 있거나 철학적 성찰을 하지는 않는다. 단지 그 사회의 윤리와 인권의식 수준이 의사 집단의 수준을 형성할 뿐이다. 내가 의과대학 학생일 때 '인권 의학'이나 '의료와 사회' 같은 과목이 점점 생기기 시작했다. 아직 그것만으로는 부족하고 내용이 다양하게 채워져야겠지만, 그 외에 다른 경로가 필요하다. 관심 있는 사람들이 구체적인 연구 분야에서 좀 더 탐색할 수 있

는 통로도 중요하다고 본다.

전문학회의 역할, 전문가의 역할

레인보우: 의과대학 교육 이외에 구체적으로 어떤 경로가 있을 수 있나?

➠ 윤정원: 산부인과 전문의로서 내가 가지고 있는 고민들을 발전시킬 수 있기를 바란다. 트랜스젠더 건강만 해도 성의학회, 산부인과학회나 비뇨기과학회, 정신과학회 등 세부의학 분야를 다루는 학회가 많고 학회 차원에서 접근할 수 있는 통로가 많다. 기존 학회에서는 자궁내막증이나 난임 같은 질병 중심의 접근이 대부분인데, 질병에만 국한되지 말고 성소수자 건강이나 성폭력 피해자 건강과 돌봄 등 다양한 주제를 포괄해 주길 바란다.

레인보우: 기존 학회에서 트랜스젠더의 건강에 대해 관심을 갖는 시도가 있는가?

➠ 윤정원: 학회 내부에서도 처음 시작이 중요하다. 순천향대 산부인과 전문의 이은실 선생님도 트랜스젠더를 진료하는 대표적인 의사로 꼽힌다. 대한심신의학회는 2006년부터 성소수자와 성별정체성을 이해하기 위해 학회 차원에서 성소수자의 경험을 듣고자 했다. 그 후에 '진료실에서 성소수자 만나기'와 같은 의제가 생기면서 꾸준히 문제의식을 쌓아 갈 수 있었다고 본다. 최근에는 가정의학회도 관심을 많이 갖고 있다. 의과대학에서 인권 교육을 진행하면 시

민사회단체나 인권단체 활동가의 강연을 듣고 그치는 경우가 많다. 이 과정도 필요하지만, 그 이후에 전문 의학 분야에서 꾸준히 관심을 갖고 의료인의 역할에 대해 집중하고 이를 강화할 필요도 있다. 의사가 참여할 수 있는 프로그램으로 성소수자 진료를 위한 심화 과정 및 교육이 있으면 좋겠는데 아직은 그런 게 없다.

레인보우: 한국은 트랜스젠더에 대한 자료도 부족하다. 어떤 자료가 더 필요하다고 생각하는가?

⟫→ 윤정원: 영국, 미국, 캐나다 등에서 나온 해외 자료는 많다. 세계 트랜스젠더 보건의료 전문가 협회에서 나온 '트랜스젠더를 위한 진료 가이드라인(Protocol for Transgender Client)'도 있고. 이 자료는 진료 과정에 대해 하나부터 열까지 정말 자세히 다루고 있다. 예를 들면, 트랜스젠더에게 투여하는 호르몬 각각의 성분명을 알려 주고 어느 나라에서는 어떤 이름으로 구할 수 있는지까지 알려 준다. 호르몬 치료 시 감안해야 할 질환도 성감염증 질환, 정신과 질환, 일반 질환까지 세부적으로 명시하고 있다. 백서라고 할 만하다. 해외 자료를 그대로 가져와서 이용할 수도 있지만, 호르몬 치료를 진행하는 프로토콜은 한국에 그대로 적용할 수 없다. 살림의원에서 배우면서 알게 됐는데, 해외 자료에 나온 호르몬 용량을 사용하면 한국 사람들에게는 조금 세다고 할 수 있다. 신체 조건이나 대사량 등을 생각할 때 용량 조절이 필요하다.

레인보우: 한국 트랜스젠더에 적절하게 적용하는 과정이 필요하겠다.

⇒   윤정원: 그래서 한국화된 자료가 필요하다. 한국 트랜스젠더가 호르몬 치료 과정을 겪으면서 기록한 데이터, 예를 들어 호르몬 용량을 얼마 투여해서 얼마 동안 어떤 변화가 일어났는지, 그래서 총 몇 주간 어떤 방식으로 투여하면 되겠다, 이렇게 종합할 수 있는 데이터 말이다. 호르몬 치료를 진행하는 의사들과 데이터를 정리하고 싶다. 살림의원에서 진료받는 트랜스젠더분들에게 동의를 구해서 임상적 데이터를 분석하고 총괄적으로 정리해 보려 한다. 트랜지션에 관한 정신과 진단, 호르몬 치료, 성전환 수술 관련한 정보도 사실 전문가들이 만들어야 할 자료인데 트랜스젠더 커뮤니티에서 스스로 만들어 내고 있지 않나? 전문가들이 해야 할 일이 많다.

성별정정을 위한 신체 변경 요건은 불임 강요

레인보우: 성별을 정정하기 위한 요건으로 신체 변경이 필요하니까, 어쩔 수 없이 수술받는 트랜스젠더도 많다.

⇒   윤정원: 자궁절제술이나 성기재건 수술을 받지 않고, 정신과 진단이나 호르몬 치료만 받는 경우에도 성별정정을 허가해 줄 필요가 있다. 이건 트랜스젠더에게 필요한 수술을 하는 의사가 더 많아지거나 수술 비용이 더 낮아지는 등 의료접근성을 높이는 것과는 다른 차원의 문제다.

레인보우: 성별정정 요건에 대해 실제 트랜스젠더들이 생각하는 바는 어떠한가?

➠   윤정원: 경험한 바에 따르면, 트랜스남성이 성별위화감을 느끼는 부분은 대개 가슴과 생리, 2가지다. 트랜스남성의 의료적 트랜지션 과정은 가슴절제 수술을 하고 호르몬 치료 순서로 진행하거나, 호르몬 치료를 하면서 생리가 멈추면 일단 안도하고 그다음에 가슴절제 수술을 하는 경우가 대부분이다. 몇 년간 호르몬 치료를 진행하다가 법적 성별정정을 결심하고, 그때 수술받으러 오는 경우도 많다. 생리를 안 하니까 이제 본인의 질이나 자궁, 난소에 대해서 잘 인지하지 않게 된다. 일상생활을 하면서 굳이 수술할 필요가 없게 되는 거다. '자궁절제 수술을 굳이 안 해도 되는데, 왜 이걸 해야 하지?' 본인은 의문이 들 수밖에 없다. "자궁절제 수술을 안 하면 난소가 남아 있으니까 호르몬이 계속 싸우나요? 그래서 수술하는 게 더 건강에 좋아요, 안 하는 게 건강에 더 좋아요?" 이런 질문을 실제로 한다. 그런데 별로 상관없다. 그럼 생각해 보자. 자궁절제 수술을 하기 위해서는 어쨌든 전신마취가 필요하고 수술 전후로 3박 4일의 시간이 필요하다. 수술과 검사에 드는 비용을 내려면 돈도 필요하다. 이런 수술을 결정하는데, 선택이 아니라 모두 의무적으로 하게 한다니 그건 아니라고 생각한다.

레인보우: 결국 트랜스젠더는 자기 몸에 대해 선택의 여지가 없다고 봐야 하나?

⟫→   윤정원: 한국의 경우는 법적 성별정정을 위해 불임을 강요하는 거나 마찬가지다. 그런데 무엇을 위해서? 자궁절제가 왜 성별정정에 필요한가? 재생산의 권리는 기본적 권리고, 임신을 선택할 권리는 누구에게나 보장되어야 한다. 물론, 본인이 자궁·난소가 있는 몸이 싫고 그에 대한 위화감을 가지고 있어서 제거하고 싶다면 그건 선택의 문제다. 호르몬 치료를 통해 내 몸을 바꾸고 지향하는 성별정체성을 확립하고 싶다면, 얼마든지 호르몬 치료나 자궁·가슴절제 수술을 선택할 수 있다. 본인이 인식하는 성별정체성의 신체를 갖기 위해 수술을 하는 건 본인의 선택 문제니까. 그런데 그걸 다른 사람이 강요할 문제는 전혀 아니다.

레인보우: 의사로서, 트랜스젠더에게 강요되는 수술을 한다는 고민이 들었겠다.

⟫→   윤정원: 성별정정 상담받으러 온 트랜스젠더들과 이야기하면서, 법원에서 성별정정 허가를 바로 내주는 진단서가 어떻게 서술되었는지 본 적이 있다. 대개 수술받은 분들은 보통은 "어떤 수술을 받았고, 몇 주간의 안정이 필요하다", 이렇게만 쓰인 진단서를 가져간다. 그런데 이 진단서를 가져가면 법원에서 이걸로는 성별정정 요건이 부족하다고, 서류를 재요청한다고 들었다. 현재 심리적, 신체적으로 전환된 상태라는 걸 확증해야 한다고 말이다. "생식기능이 없고 재전환 가능성은 없음" 이런 문구까지 정확하게 써야 된다는 거다. 이게 얼마나 비인간적인 말인가? 재전환 가능성이 없다니. 그걸 211

왜 법원이 확인하고 정해 주려고 하는지 모르겠다.

트랜스젠더의 재생산권까지 고민해야

레인보우: 트랜스젠더의 재생산권이란 어떤 권리를 말하는 것인가?

⟫→ 　 윤정원: 처음에는 트랜지션 관련 수술을 시작하면서 적절한 비용으로, 의학적으로 표준적이고 안전한 수술을 하는 게 좋다고 생각했다. 그렇지만 병적인 질환이 없는 건강한 장기를 절제하면서 마음이 불편했다. 해외에는 반드시 수술하지 않아도 성별정정이 가능한 나라가 있다. 해외 뉴스 중 인상적이었던 기사로 한 트랜스남성의 사례를 들 수 있다. 그는 자궁절제를 하지 않고 결혼했는데 아내가 불임이라서 본인이 호르몬 치료를 중단한 다음, 배란을 재개했다. 익명의 정자를 기증 받아서 임신하고 출산했으며, 수유까지 끝내고 다시 아빠로 돌아와 호르몬 치료를 시작했다. 해외 뉴스지만, 이와 같은 임신·출산 사례가 있을 수 있기 때문에 다양한 선택지를 열어 놔야 한다고 생각한다. 당장 필요한 성별정정 요건을 충족하려면 난자·정자 보관이나 향후 재생산에 대한 고민을 하기가 어렵다. 이야기를 들어도 충분히 고민하기는 힘들 수밖에 없다. 트랜스젠더를 만나서 난자·정자 보관 이야기를 꺼내면, 지금은 "어우, 뭔 소리야?" 이런 반응이 많다. 그러나 장기적으로는 재생산 권리와 가능한 선택에 대해 정보를 제공하는 방향으로 가야 한다고 생각한다.

레인보우: 정자·난자 보관이나 재생산권 이야기를 하면 실제로 하고 싶다고 의사를 밝힌 사람이 있었나?

⟫→ 　윤정원: 지금까지는 없었다. 트랜스남성의 경우, 난자 보관은 약 300만 원 정도의 비용이 든다. 이전에 일부 경제력 있는 비혼여성들이 난자를 얼려 놓는 사업이 유행이었고, 일부 병원에서 난자 보관 사업을 하면서 약 300만 원대로 비용이 정해졌다. 그런데 트랜스젠더는 절제 수술만 해도 비용이 당장 300만 원 들고, 법적 성별 정정 관련한 행정 비용은 약 120만 원 가까이 든다고 들었다. 장기적으로 난자 보관을 하는 비용까지 감당하기는 어려울 수밖에 없다.

소수자가 건강한 사회는 모두가 건강하다

레인보우: 할 일이 많다. 연구자들과의 협업, 의사들간 협업이 중요하겠다.

⟫→ 　윤정원: 보건의료 정책을 고민하는 분들과도 협업할 부분이 많다. 건강을 권리로 바라볼 때 누군가의 권리가 확보되면 다른 누군가의 권리가 침해된다고 오해하는 것 같다. 호르몬이나 성전환 수술 등 의료적 트랜지션을 보험 적용하자는 것도 다른 건강보험 보장성 확대 요구와 상충되는 것처럼 이해할 수 있다. 여기에 보험 재정이 많이 쓰이면 다른 분야에서 지출할 재정이 줄어든다는 '제로섬 게임'처럼 생각한다. 나는 오히려 트랜스젠더가 건강하게 살 수 있는 사회는 모두가 건강하게 살 수 있다고 생각한다.

레인보우: 한국에서는 여전히 생소한 요구라서 더 많이 이야기할 필요가 있겠다.

⇛   윤정원: 발상의 전환이 필요하다. 예를 들어, 피임과 관련한 의료서비스는 왜 보험 적용이 안 되는가? 출산 전 산전검사와 같은 서비스는? 낙태는? 의료보장성 문제나 건강권 담론에서도 여성 건강권이나 성소수자 의제는 우선순위에서 밀리는 경우가 많았다. 최근 몇 년간 여성 이슈가 불거지면서 이제는 여성·소수자 건강에 대한 논의가 커지는 만큼 달라질 여지가 많아지리라고 본다.

레인보우: 소수자 건강에 대해 우선순위가 아니라는 의견은 이제는 시대에 뒤떨어지는 발상이다. 지금이 아니면 나중에도 못하는 거다.

⇛   윤정원: 이제는 당연한 이야기라고 요구해야 한다. 망설이지 말고 당연한 권리로 요구하자!(웃음)

참고 문헌

머리말

1. 이혜민, 박주영, 김승섭, 〈한국 성소수자 건강 연구〉, 《보건과 사회과학》, 2014. 36: p. 43~76.
2. 이호림, 이혜민, 윤정원, 박주영, 김승섭, 〈한국 트랜스젠더 의료접근성에 대한 시론〉, 《보건사회연구》, 2015. 35(4): p. 64~94.
3. 손인서, 이혜민, 박주영, 김승섭, 〈트랜스젠더의 의료적 트랜지션과 의료서비스 이용: 사회적 낙인과 의료적 주변화〉, 《한국사회학》, 2017. 51(2): p. 155~189.
4. Lee, H., Park, J., Choi, B., Yi, H., Kim, S. S., 〈Experiences of and Barriers to Transition-related Healthcare among Korean Transgender Adults: Focus on Gender Identity Disorder Diagnosis, Hormone Therapy, and Sex Reassignment Surgery〉, 《Epidemiology and health》, 2018. 40.
5. 이 글에서는 설문조사에 참여한 282명 중 의료 이용 관련 문항에 응답하지 않은 4명을 제외한 278명의 자료를 분석 대상으로 삼았다.

용어 정리

1. 성전환자의 성별정정허가신청사건 등 사무처리지침 개정 2015. 1. 8. [가족관계등록예규 제435호, 시행 2015. 2. 1.] 〉 종합법률정보 규칙.
2. Coleman, E., Bockting, W., Botzer, M., Cohen-Kettenis, P., DeCuypere, G., Feldman, J., ... & Monstrey, S., 〈Standards of Care for the Health of Transsexual, Transgender, and Gender-nonconforming People, version 7〉, 《International Journal of Transgenderism》, 2012. 13(4), 165~232.
3. 수잔 스트라이커, 《트랜스젠더의 역사》, 제이·루인(번역), 2016. 서울: 이매진.
4. 이호림, 이혜민, 윤정원, 박주영, 김승섭, 〈한국 트랜스젠더 의료접근성에 대한 시론〉, 《보건사회연구》, 2015. 35(4): p. 64~94.
5. 퀴어이론문화연구모임 WIG, 《젠더의 채널을 돌려라》, 2008. 서울: 사람생각.
6. 한국성적소수자문화인권센터, 〈한국성적소수자사전〉.
7. American Psychiatric Association, 〈Diagnostic and Statistical Manual of Mental Disorders〉(3rd ed.), 1980. Washington, DC: Author.
8. American Psychological Association, 〈Answers to Your Questions: For a Better Understanding of Sexual Orientation and Homosexuality〉, 2008. Washington, DC: Author; Available from http://www.apa.org/topics/lgbt/orientation.pdf.
9. American Psychological Association, 〈Guidelines for Psychological Practice with Transgender and Gender Nonconforming People〉, 《American Psychologist》, 2015. 70(9), 832~864.
10. Drescher, J., 〈Queer Diagnoses: Parallels and Contrasts in the History of Homosexuality, Gender Variance, and the Diagnostic and Statistical Manual〉, 《Archives of Sexual Behavior》, 2010. 39(2), 427~460.

1장
우리가 만난 282명의 오롯한 당신: 트랜스젠더 건강 연구, 시민의 힘으로 시작하다

이렇게 시작되었습니다: 트랜스젠더 건강 연구 12장면

1. James, S. E., Herman, J. L., Rankin, S., Keisling, M., Mottet, L., & Anafi, M., 〈The Report of the 2015 U.S. Transgender Survey〉, 2016, Washington, DC: National Center for Transgender Equality.
2. 이혜민, 박주영, 김승섭, 〈한국 성소수자 건강 연구〉, 《보건과 사회과학》, 2014. 36: p. 43~76.
3. 손인서, 이혜민, 박주영, 김승섭, 〈트랜스젠더의 의료적 트랜지션과 의료서비스 이용: 사회적 낙인과 의료적 주변화〉, 《한국사회학》, 2017. 51(2): p. 155~189.
4. 이호림, 이혜민, 윤정원, 박주영, 김승섭, 〈한국 트랜스젠더 의료접근성에 대한 시론〉, 《보건사회연구》, 2015. 35(4): p. 64~94.
5. 다음 스토리펀딩 〈트랜스젠더 건강 연구 시작합니다〉, https://storyfunding.kakao.com/

project/11255/.

6. 네이쳐 뉴스(Nature News) "South Korea's scientists seek change amid political chaos", https://www.nature.com/news/south-korea-s-scientists-seek-change-amid-political-chaos-1.21690.

7. Nahata, L., Tishelman, A. C., Caltabellotta, N. M., & Quinn, G. P., <Low Fertility Preservation Utilization among Transgender Youth>, 〈Journal of Adolescent Health〉, 2017. 61(1): p. 40~44.

8. Lee, H., Park, J., Choi, B., Yi, H., & Kim, S. S., 〈Experiences of and Barriers to Transition-related Healthcare among Korean Transgender Adults: Focus on Gender Identity Disorder Diagnosis, Hormone Therapy, and Sex Reassignment Surgery〉, 〈Epidemiology and health〉, 2018. 40.

3장
모두에게 문턱 없는 병원을 위하여: 트랜스젠더, 병원에서 상처받지 않을 권리를 말하다

한국 트랜스젠더 건강 연구 연대기

1. 체계적 문헌고찰을 위해 4개의 검색엔진(국외: Medline, Embase, 국내: Koreamed, RISS)을 활용해, 성소수자 관련 키워드와 한국('Korea')의 조합으로 2013년까지 발표된 학술자료를 검색했다. 검색된 논문들 중 성소수자 건강에 대한 연구를 선택했고, 그 중에서 트랜스젠더를 대상으로 한 연구를 검토해 정리했다. 키워드는 다음과 같다: (영) 'Gay', 'Lesbian', 'Homosexual', 'Homosexuality', 'Bisexual', 'Bisexuality', 'Transgender', 'Transsexual', 'Transvestite', 'Cross-dresser', 'Hermaphrodite', 'Intersex', 'asexual', 'Sexual orientation', 'Sexual identity', 'Sexual inversion', 'Sexual minority', 'Gender identity disorder', 'Gender dysphoria', 'Gender nonconforming', (한) '게이', '레즈비언', '동성애', '동성애자', '호모섹슈얼리티', '남성동성애자', '여성동성애자', '양성애자', '바이섹슈얼', '트랜스젠더', '성전환자', '퀘스처닝', '간성', '무성애자', '에이섹슈얼', '성소수자', '성적 지향', '성별정체성', '퀴어', 'LGBT', '반음양', '성별정체성장애', '성기능장애'.

2. 이와 더불어 2014년부터 2017년 5월 31일까지 발표된 트랜스젠더 건강 관련 논문들을 추가로 검색해 정리했다. 국내에서 발표된 트랜스젠더 건강 관련 학술 연구가 부족하기 때문에, 국가 기관 및 성소수자 커뮤니티에서 진행한 성소수자 관련 연구보고서 4편에 제시된 트랜스젠더 건강 관련 내용을 함께 정리했다.

3. 김석권, 〈성전환자를 위한 미용성형 수술〉, 《유로트렌드》, 2001. 6(3): p. 28~32.

4. Han, K. H., Han, S. H., Kim, D. C., Jo, G. R., Choi, D. H., Kim, K. H., 〈An Autopsy Case of a Transsexual Woman〉, 《Korean Journal of Legal Medicine》, 2003. 27(2): p. 73~77.

5. 김재홍, 김상훈, 박상학, 추일한, 김승곤, 〈자살사고와 중증 기분조절 장애를 가진 성 불쾌감환자에서의 전기경련치료 1 예〉, 《신경정신의학》, 2014. 53: p. 54~57.

6. Byun, J. C., Kwak, B. G., Shin, J. H., Cha, M. S., Han, M. S., Rha, S. H., Kim, S. K., 〈The Histologic Features of the Uterus and Adnexa Extirpated from Gender Identity Disorder Patients with Depot Androgen Injection〉, 《Korean Journal of Fertility and Sterility》, 2005. 32(4): p. 325~330.

7. Park, J. M., Kwon, Y. S., Lee, K. C., Kim, S. K., Kwak, H., Kim, S. B., 〈Hormonal Analysis of Female Transgender Patients Performed Gender Reassignment Operation〉, 《Journal of the Korean Society of Plastic and Reconstructive Surgeons》, 2005. 32(6): p. 699~705.

8. Kim, S. K., Moon, I. S., Kwon, Y. S., Lee, K. C., 〈The Necessary & Method of Scrotoplasty in Female to Male Transgender〉, 《Journal of the Korean Society of Plastic and Reconstructive Surgeons》, 2009. 36(4): p. 437~444.

9. 권용원, 〈성전환 수술〉, 《강원과학교육연구회지》, 2002. 7(1): p. 51~55.

10. 정병하, 〈성전환 환자의 질성형술〉, 《유로트렌드》, 2001. 6(3): p. 24~27.

11. 박남철, 〈성전환자의 호르몬 관리〉, 《유로트렌드》, 2001. 6(3): p. 19~23.

12. 박정민, 옥윤철, 손호성, 정경우, 김석권, 〈성전환증 환자에서 Estrogen 장기투여 후 고환의 해부 · 조직학적 변화〉, 《대한남성과학학회지》, 2000. 18(2): p. 117~123.

13. 김영환, 정두성, 최준, 한동균, 〈성전환증에서 음경 및 음낭피판을 이용한 질성형술〉, 《Archives of Plastic Surgery》, 2001. 28(3): p. 295~301.

14. 류설영, 양창국, 최병무, 주영희, 〈성정위술 자원자의 정신과적 면담 및 MMPI 반응 분석〉, 《생물치료정신의학》, 2002. 8(2): p. 318~331.

15. 김석권, 김명훈, 권용석, 차병훈, 이근철, 최병무, 손호성, 〈성주체성장애 환자의 정신의학적 분석〉, 《대한성형외과학회지》, 2007. 34(6): p. 705~712.

16. 박기환, 〈동성애와 성 정체감 장애의 정신병리 특성 비교〉, 《Korean Journal of Clinical Psychology》, 2005. 24(3): p. 549~561.

17. 김태희, 이해혁, 문원실, 〈성전환여성 (남성에서 여성)을 위한 건강관리〉, 《대한폐경학회지》, 2013. 19(2): p. 45~53.

18. 김진홍, 〈성전환 수술의 역사적 배경 및 국내 현황〉, 《대한성학회지》, 2014. 1(3): p. 78~86.

19. 이호림, 이혜민, 윤정원, 박주영, 김승섭, 〈한국 트랜스젠더 의료접근성에 대한 시론〉, 《보건사회연구》, 2015. 35(4): p. 64~94.

20. 이영식, 전창무, 김소연, 고복자, 〈성주체성 문제 혹은 동성애적 성향을 보이는 청소년들의 자아 존중감과 성 개방성〉, 《소아청소년정신의학》, 2005. 16(2): p. 231~238.

21. 손인서, 이혜민, 박주영, 김승섭, 〈트랜스젠더의 의료적 트랜지션과 의료서비스 이용: 사회적 낙인과 의료적 주변화〉, 《한국사회학》, 2017. 51(2): p. 155~189.

22. 조여울, 나루, 정정훈, 케이, 한채윤, 〈국가인권정책기본계획 수립을 위한 성적소수자 인권 기초현황조사〉(미간행), 2005. 서울: 국가인권위원회.

23. 성전환자 인권실태조사 기획단, 〈성전환자 인권실태조사 보고서〉, 2006. 서울: 성전환자 인권실태조사 기획단.

24. 나영정, 김지혜, 류민희, 이승현, 장서연, 정현희, 조혜인, 한가람, 〈한국 LGBTI 커뮤니티 사회적 욕구조사 최종보고서〉, 2014. 서울: 한국게이인권운동단체 친구사이.

25. 장서연, 김정혜, 김현경, 나영정, 정현희, 류민희, 조혜인, 한가람, 박한희, 〈성적지향·성별정체성에 따른 차별 실태조사〉, 2014. 서울: 국가인권위원회.

26. 성전환자 인권실태조사에 참여한 트랜스젠더 중 가슴수술, 난소·정소 제거수술, 성기형성 수술, 얼굴성형수술 중 한 가지 이상의 성전환 관련 외과적 수술을 받은 응답자는 총 41명(트랜스여성 28명, 트랜스남성 13명)이었고, 이들을 대상으로 후속 문항으로 '향후 수술 계획'에 대해 질문했다. 성전환자 인권실태조사 보고서에는 해당 질문에 응답한 트랜스젠더 참여자를 42명으로 제시하고 있어, 이 글에서는 보고서에 서술된 숫자를 기반으로 관련 내용을 정리하였다.

27. 최성경, 〈성전환자의 성별정정 허가기준과 그 입법적 제안〉, 《가족법연구》, 2013. 27: p. 373~412.

28. 한국 LGBTI 커뮤니티 사회적 욕구조사 보고서에는 성별·연령별 가중치를 부여하여 분석한 결과가 제시되어 있다. 이 글에서는 가중치가 부여되지 않은 결과를 제시하기 위하여, 조사의 발주단체인 한국게이인권운동단체 친구사이에 데이터를 신청하여 재분석했다. 이 글에 제시된 한국 LGBTI 커뮤니티 사회적 욕구조사의 결과는 모두 연구팀이 데이터를 재분석한 결과를 기반으로 한다.

29. Boehmer, U., 〈Twenty Years of Public Health Research: Inclusion of Lesbian, Gay, Bisexual, and Transgender Populations〉, 《American Journal of Public Health》, 2002. 92(7): p. 1125~1130.

30. Herman, J. L., 〈Best Practices for Asking Questions to Identify Transgender and Other Gender Minority Respondents on Population-based Surveys〉, 2014. Los Angeles: The GeniUSS Group.

31. Australian Bureau of Statistics, 〈Sex and Gender Diversity in the 2016 Census〉, 2071.0 - Census of Population and Housing: Reflecting Australia - Stories from the Census, 2016, 2017.

32. Office for National Statistics, 〈Gender Identity Research and Testing Plan〉, in ONS Census Transformation Programme, 2016. United Kingdom: Office for National Statistics.

33. Office for National Statistics, 〈Trans Data Position Paper〉, 2009. United Kingdom: Office for National Statistics.

34. Office for National Statistics, 〈The 2021 Census Gender Identity Research and Testing Plan〉, 2016. United Kingdom: Office for National Statistics.

35. Cahill, S., Makadon, H., 〈Sexual Orientation and Gender Identity Data Collection in Clinical Settings and in Electronic Health Records: A Key to Ending LGBT Health Disparities〉, 《LGBT Health》, 2014. 1(1): p. 34~41.
36. Miller, K., Ryan, J. M., 〈Design, Development and Testing of the NHIS Sexual Identity Question〉, 《National Center for Health Statistics》, 2011: p. 1~33.
37. Simonsen, R. K., Giraldi, A., Kristensen, E., Hald, G. M., 〈Long-term Follow-up of Individuals Undergoing Sex Reassignment Surgery: Psychiatric Morbidity and Mortality〉, 《Nordic Journal of Psychiatry》, 2016. 70(4): p. 241~247.
38. Simonsen, R. K., Hald, G. M., Kristensen, E., Giraldi, A., 〈Long-term Follow-up of Individuals Undergoing Sex-reassignment Surgery: Somatic Morbidity and Cause of Death〉, 《Sexual Medicine》, 2016. 4(1): p. e60~e68.
39. Dhejne, C., Lichtenstein, P., Boman, M., Johansson, A. L., Långström, N., Landén, M., 〈Long-term Follow-up of Transsexual Persons Undergoing Sex Reassignment Surgery: Cohort Study in Sweden〉, 《Plos One》, 2011. 6(2): p. e16885.
40. Clements-Nolle, K., Marx, R., Guzman, R., Katz, M., 〈HIV Prevalence, Risk Behaviors, Health Care Use, and Mental Health Status of Transgender Persons: Implications for Public Health Intervention〉, 《American Journal of Public Health》, 2001. 91(6): p. 915.
41. Peitzmeier, S. M., Reisner, S. L., Harigopal, P., Potter, J., 〈Female-to-male Patients Have High Prevalence of Unsatisfactory Paps compared to Non-transgender Females: Implications for Cervical Cancer Screening〉, 《Journal of General Internal Medicine》, 2014. 29(5): p. 778~784.
42. van Trotsenburg, M.A., 〈Gynecological Aspects of Transgender Healthcare〉, 《International Journal of Transgenderism》, 2009. 11(4): p. 238~246.
43. Winter, C., 〈Health Equity Series: Responding to LGBT Health Disparities〉, 《Missouri Foundation for Health》, 2012. p. 1~40.
44. Poteat, T., German, D., Kerrigan, D., 〈Managing Uncertainty: A Grounded Theory of Stigma in Transgender Health Care Encounters〉, 《Social Science & Medicine》, 2013. 84: p. 22~29.
45. Krehely, J., 〈How to Close the LGBT Health Disparities〉, 《Center for American Progress》, 2009. p. 1~9.
46. Jung, M., Lee, J., Kwon, D. S., Park, B. J., 〈Comparison of Sexual Risky Factors of Men Who Have Sex With Men and Sex-buying Men as Groups Vulnerable to Sexually Transmitted Diseases〉, 《Journal of Preventive Medicine and Public Health》, 2012. 45(3): p. 156~163.
47. Jung, M., 〈Sexual Behavior and Condom Use among Gay Men, Female Sex Workers, and Their Customers: Evidence from South Korea〉, 《Plos One》, 2013. 8(6): p. e66867.
48. 김은경, 권정혜, 〈동성애 관련 스트레스가 남성 동성애자의 정신건강에 미치는 영향〉, 《Korean Journal of Clinical Psychology》, 2004. 23(4): p. 969~981.
49. Yi, H., Kim, S. S., 〈Anti-LGBT Movement in South Korea and the Professionals on Their Side〉, 《Psychology of Sexualities Review》, 2016. 7(2): p. 83~85.

3장.
모두에게 문턱 없는 병원을 위하여:
트랜스젠더, 병원에서
상처받지 않을 권리를 말하다

트랜스젠더 278명이 경험한
의료 이용 장벽

1. Meerwijk EL, Sevelius JM., 〈Transgender Population Size in the United States: A Meta-regression of Population-based Probability Samples〉, 《American Journal of Public Health》, 2017. 107: e1~e8.
2. Korean Statistical Information Service. 〈KOSIS 100 indicators〉(Korean), [cited 2017 Nov 29]; Available from: http://kosis.kr/conts/nsportalStats/nsportalStats_0102Body.jsp?menuld=10&NUM.
3. 손인서, 이혜민, 박주영, 김승섭, 〈트랜스젠더의 의료적 트랜지션과 의료서비스 이용: 사회적 낙인과 의료적 주변화〉, 《한국사회학》, 2017. 51(2): p. 155~189.

4. Dewey JM, Gesbeck MM., 〈(Dys) Functional Diagnosing Mental Health Diagnosis, Medicalization, and the Making of Transgender Patients〉. 《Humanity & Society》, 2015. 41(1): p. 37~72.

5. Coleman, E., Bockting, W., Botzer, M., Cohen-Kettenis, P., DeCuypere, G., Feldman, J., ... & Monstrey, S., 〈Standards of Care for the Health of Transsexual, Transgender, and Gender-nonconforming People, version 7〉, 《International Journal of Transgenderism》, 2012. 13(4): p. 165~232.

6. 이호림, 이혜민, 윤정원, 박주영, 김승섭, 〈한국 트랜스젠더 의료접근성에 대한 시론〉, 《보건사회연구》, 2015. 35: p. 64~94.

7. Dowshen N, Nguyen GT, Gilbert K, Feiler A, Margo KL, Stroumsa D., 〈Improving Transgender Health Education for Future Doctors〉, 《American Journal of Public Health》, 2014. 104(7): E5.

8. Safer J, Pearce E., 〈A Simple Curriculum Content Change Increased Medical Student Comfort with Transgender Medicine〉, 《Endocrine Practice》, 2013. 19: p. 633~7.

9. 장서연, 김정혜, 김현경, 나영정, 정현희, 류민희, 조혜인, 한가람, 박한희, 〈성적지향·성별정체성에 따른 차별 실태조사〉, 2014, 서울: 국가인권위원회.

10. James SE, Herman JL, Rankin S, Keisling M, Mottet L, Anafi Ma., 〈The Report of the 2015 US Transgender Survey〉, 2016. Washington, DC: National Center for Transgender Equality.

11. Lombardi E., 〈Enhancing Transgender Health Care〉, 《American Journal of Public Health》, 2001. 91: p. 869~72.

12. Rotondi NK, Bauer GR, Scanlon K, Kaay M, Travers R, Travers A., 〈Nonprescribed Hormone Use and Self-performed Surgeries: "Do-it-yourself" Transitions in Transgender Communities in Ontario, Canada〉, 《American Journal of Public Health》, 2013. 103: p. 1830~6.

13. 성전환자 인권실태조사 기획단, 〈성전환자 인권실태조사 보고서〉, 2006. 서울: 성전환자 인권실태조사 기획단.

14. 나영정, 김지혜, 류민희, 이승현, 장서연, 정현희, 조혜인, 한가람, 〈한국 LGBTI 커뮤니티 사회적 욕구조사 최종보고서〉, 2014. 서울: 한국게이인권운동단체 친구사이.

3장
모두에게 문턱 없는 병원을 위하여: 트랜스젠더, 병원에서 상처받지 않을 권리를 말하다

정신과 진단, 호르몬 조치, 성전환 수술 그리고 건강관리

1. Transgender Europe, 〈TGEU's Position on the Revision of the ICD 10〉, 2014; Available from: https://www.tgeu.org/sites/default/files/TGEU%20Position%20ICD%20Revision_0.pdf.

2. Drescher J, Cohen-Kettenis P, Winter S., 〈Minding the Body: Situating Gender Identity diagnoses in the ICD-11〉, 《International Review of Psychiatry》, 2012. 24(6): p. 568~77.

3. Drescher J., 〈Queer Diagnoses: Parallels and Contrasts in the History of Homosexuality, Gender Variance, and the Diagnostic and Statistical Manual〉, 《Archives of Sexual Behavior》, 2010. 39(2): p. 427~60.

4. Reed, G. M., Drescher, J., Krueger, R. B., Atalla, E., Cochran, S. D., First, M. B., ... & Briken, P., 〈Disorders related to Sexuality and Gender Identity in the ICD-11: Revising the ICD-10 Classification based on Current Scientific Evidence, Best Clinical Practices, and Human Rights Considerations〉, 《World Psychiatry》, 2016. 15(3): p. 205~21.

5. American Psychiatric Association. 〈Diagnostic and Statistical Manual of Mental Disorders〉(5th ed.), 2013. Washington, DC: Author.

6. Coleman, E., Bockting, W., Botzer, M., Cohen-Kettenis, P., DeCuypere, G., Feldman, J., ... & Monstrey, S., 〈Standards of Care for the Health of Transsexual, Transgender, and Gender-nonconforming People, version 7〉, 《International Journal of Transgenderism》, 2012. 13(4): p. 165~232.

7. Hembree, W. C., Cohen-Kettenis, P., Delemarre-Van De Waal, H. A., Gooren, L. J., Meyer III, W. J., Spack, N. P., ... & Montori, V. M., 〈Endocrine Treatment of Transsexual Persons: An Endocrine Society Clinical Practice Guideline〉, 《The Journal of Clinical Endocrinology & Metabolism》, 2009. 94(9): p. 3132~54.

8. Committee on Health Care for Underserved Women, 〈Committee Opinion no. 512: Health Care for Transgender Individuals〉, 《Obstetrics and Gynecology》, 2011. 118(6): p. 1454~8.

9. Coleman E., 〈Toward Version 7 of the World Professional Association for Transgender Health's Standards of Care: Psychological Assessment and Approaches to Treatment〉, 《International Journal of Transgenderism》, 2009. 11(2): p. 69~73.

10. Graham, R., Berkowitz, B., Blum, R., Bockting, W., Bradford, J., de Vries, B., ... & Makadon, H., 〈The Health of Lesbian, Gay, Bisexual, and Transgender People: Building a Foundation for Better Understanding〉, 2011. Washington, DC: Institute of Medicine.

3장
모두에게 문턱 없는 병원을 위하여:
트랜스젠더, 병원에서
상처받지 않을 권리를 말하다

의료보장도, 의료진 교육도 없는
한국 사회

1. Coleman, E., Bockting, W., Botzer, M., Cohen-Kettenis, P., DeCuypere, G., Feldman, J., ... & Monstrey, S., 〈Standards of Care for the Health of Transsexual, Transgender, and Gender-nonconforming People, version 7〉, 《International Journal of Transgenderism》, 2012. 13(4): p. 165~232.

2. American Medical Association House of Delegates. 〈Removing Financial Barriers to Care for Transgender Patients〉, 2008. 122: p. 4.

3. Murad, M. H., Elamin, M. B., Garcia, M. Z., Mullan, R. J., Murad, A., Erwin, P. J., Montori, V. M., 〈Hormonal Therapy and Sex Reassignment: A Systematic Review and Meta-analysis of Quality of Life and Psychosocial Outcomes〉, 《Clinical Endocrinology》, 2010. 72(2): p. 214~31.

4. Pfafflin F., 〈Regrets after Sex Reassignment Surgery〉, 《Journal of Psychology & Human Sexuality》, 1993. 5(4): p. 69~85.

5. Wilson E, Chen Y-H, Arayasirikul S, Wenzel C, Raymond HF., 〈Connecting the Dots: Examining Transgender Women's Utilization of Transition-related Medical Care and Associations with Mental Health, Substance Use, and HIV〉, 《Journal of Urban Health》, 2015. 92(1): p. 182~92.

6. Sanchez NF, Sanchez JP, Danoff A., 〈Health Care Utilization, Barriers to Care, and Hormone Usage among Male-to-female Transgender Persons in New York City〉, 《American Journal of Public Health》, 2009. 99(4): p. 713~9.

7. Kai, F., Motoyama, D., Un-no, T., Sudoko, H., 〈Incomplete Self-castration by the Patient with Gender Identify Disorder: A Case Report〉, Nihon Hinyokika Gakkai zasshi, 《The Japanese Journal of Urology》, 2014. 105(1): p. 26~8.

8. Nakaya M. 〈On Background Factors of Male Genital Self-mutilation〉, 《Psychopathology》, 1996. 29(4): p. 242~8.

9. Haberman MA, Michael RP., 〈Autocastration in Transsexualism〉, 《The American Journal of Psychiatry》, 1979. 136(3): p. 347~8.

10. Lowy FH, Kolivakis TL., 〈Autocastration by a Male Transsexual〉, 《Canadian Psychiatric Association Journal》, 1971. 16(5): P. 399~405.

11. McGovern SJ., 〈Self-castration in a Transsexual〉, 《Journal of Accident & Emergency Medicine》, 1995. 12(1): p. 57~8.

12. Krieger MJ, McAninch JW, Weimer SR., 〈Self-performed Bilateral Orchiectomy in Transsexuals〉, 《The Journal of Clinical Psychiatry》, 1982. 43(7): p. 292~3.

13. St Peter M, Trinidad A, Irwig MS., 〈Self-castration by a Transsexual Woman: Financial and Psychological Costs: A Case Report〉, 《The Journal of Sexual Medicine》, 2012. 9(4): p. 1216~9.

14. Murphy D, Murphy M, Grainger R., 〈Self-castration〉, 〈Irish Journal of Medical Science〉, 2001. 170(3): p. 195.

15. Rotondi NK, Bauer GR, Scanlon K, Kaay M, Travers R, Travers A., 〈Nonprescribed Hormone Use and Self-performed Surgeries: "Do-it-yourself" Transitions in Transgender Communities in Ontario, Canada〉, 《American Journal of Public Health》, 2013. 103(10): p. 1830~6.

16. Transgender Europe. 〈Legal and Social Mapping

World #2 Criminalisation, Prosecution, State-sponsored Discrimination and Hormones, Hormone Therapy and Gender Reassignment Treatment/Surgery〉, 2014; Available from https://transrespect.org/wp-content/uploads/2015/08/web_tvt_mapping_2_EN.pdf

17. Stroumsa D., 〈The State of Transgender Health Care: Policy, Law, and Medical Frameworks〉, 《American Journal of Public Health》, 2014. 104(3): e31~8.

18. National Center for Transgender Equality. 〈Medicare and Transgender People〉, 2014a. Washington, DC: Author; Available from http://www.transequality.org/sites/default/files/docs/kyr/MedicareAndTransPeople.pdf.

19. Snelgrove J, Jasudavisius A, Rowe B, Head E, Bauer G., 〈"Completely Out-at-sea" with "Two-gender Medicine": A Qualitative Analysis of Physician-side Barriers to Providing Healthcare for Transgender Patients〉, 《BMC Health Services Research》, 2012. 12(1): p. 110.

20. European Union Agency for Fundamental Rights. 〈Being Trans in the European Union - Comparative Analysis of EU LGBT Survey Data〉, 2014. Vienna, Austria: Publications Office of the European Union.

21. Whittle, S., Turner, L., Coombs, R., Rhodes, S., 〈Transgender Eurostudy: Legal Survey and Focus on the Transgender Experience of Health Care〉, ILGA Europe, 2008.

22. Fidas, D., Green, J., Wilson, A., 〈Transgender-inclusive Health Care Coverage and the Corporate Equality Index〉, 2012. Washington, DC: Human Rights Campaign Foundation.

23. National Center for Transgender Equality, 〈Transgender Healthcare Insurance Rules〉, 2014b. Washington, DC: National Center for Transgender Equality.

24. Grant JM, Mottet L, Tanis JE, Harrison J, Herman J, Keisling M., 〈Injustice at Every Turn: A Report of the National Transgender Discrimination Survey〉, 2011. Washington, DC: National Center for Transgender Equality.

25. Health Policy Project, Asia Pacific Transgender Network, United Nations Development Programme, 〈Blueprint for the Provision of Comprehensive Care for Trans People and Trans Communities〉, 2015. Washington, DC: Futures Group, Health Policy Project.

26. 보건복지부, <2019 보건복지 통계연보>, 보건복지부, 2019.

27. Graham, R., Berkowitz, B., Blum, R., Bockting, W., Bradford, J., de Vries, B., ... & Makadon, H., 〈The Health of Lesbian, Gay, Bisexual, and Transgender People: Building a Foundation for Better Understanding〉, 2011. Washington, DC: Institute of Medicine.

28. Edgerton MT, Knorr NJ, Callison JR., 〈The Surgical Treatment of Transsexual Patients. Limitations and Indications〉, 《Plastic and Reconstructive Surgery》, 1970. 45(1): p. 38~46.

29. Laub DR, Ascough B. 〈Transsexual Surgery〉, 《California Medicine》, 1970. 113(5): p. 68.

30. Stinson B., 〈A Study of Twelve Applicants for Transsexual surgery〉, 《The Ohio State Medical Journal》, 1972. 68(3): p. 245~9.

31. Hembree, W. C., Cohen-Kettenis, P., Delemarre-Van De Waal, H. A., Gooren, L. J., Meyer III, W. J., Spack, N. P., ... & Montori, V. M., 〈Endocrine Treatment of Transsexual Persons: An Endocrine Society Clinical Practice Guideline〉, 《The Journal of Clinical Endocrinology & Metabolism》, 2009. 94(9): p. 3132~54.

32. Bockting, W. O., Mcgee, D., Goldberg, J., 〈Guidelines for Transgender Care〉, 《Informa Health Care》, 2007.

33. Feldman, J. L., Goldberg, J., 〈Transgender Primary Medical Care: Suggested Guidelines for Clinicians in British Columbia〉, 2006. Vancouver, British Columbia, Canada: Vancouver Coastal Health Authority.

34. Obedin-Maliver, J., Goldsmith, E. S., Stewart, L., White, W., Tran, E., Brenman, S., ... & Lunn, M. R., 〈Lesbian, Gay, Bisexual, and Transgender-related Content in Undergraduate Medical Education〉, 《The Journal of the American Medical Association》, 2011. 306(9): p. 971~7.

35. Wallick MM, Cambre KM, Townsend MH., 〈How the Topic of Homosexuality is Taught at U.S. Medical Schools〉, 《Academic Medicine》, 1992. 67(9): p. 601~3.

36. Tesar CM, Rovi SL., 〈Survey of Curriculum on Homosexuality/Bisexuality in Departments of Family Medicine〉, 《Family Medicine》, 1998.

30(4): p. 283~7.

37. Nemoto T, Operario D, Keatley J., 〈Health and Social Services for Male-to-female Transgender Persons of Color in San Francisco〉, 《International Journal of Transgenderism》, 2005. 8(2-3): p. 5~19.

38. Kelley L, Chou CL, Dibble SL, Robertson PA., 〈A Critical Intervention in Lesbian, Gay, Bisexual, and Transgender Health: Knowledge and Attitude Outcomes among Second-year Medical Students〉, 《Teaching and Learning in Medicine》, 2008. 20(3): p. 248~53.

39. Safer J, Pearce E., 〈A Simple Curriculum Content Change Increased Medical Student Comfort with Transgender Medicine〉, 《Endocrine Practice》, 2013. 19: p. 633~7.

40. Porter KE, Krinsky L., 〈Do LGBT Aging Trainings Effectuate Positive Change in Mainstream Elder Service Providers?〉, 《Journal of Homosexuality》, 2013. 61(1): p. 197~216.

후원자 명단

《오롯한 당신 - 트랜스젠더, 차별과 건강》은 2017년에 포털사이트 다음에서 진행한 스토리펀딩 '트랜스젠더 건강 연구 시작합니다'를 바탕으로 만들었습니다. 후원해 주신 모든 분들께 감사드립니다.

강동기 강미량 강선화 강성구 강소연 강준 강지우 강하병 강해경 고연경 고유미 고제경 공미연 권서현 권애진 권영균 권용주 김건형 김경숙 김경아 김광민 김규태 김기상 김나현 김남호 김다혜 김도현 김륜 김만화 김명진 김문기 김문정 김미나 김미정A 김미정B 김민 김민지A 김민지B 김민지C 김범 김범석 김범준 김병준 김상만 김선 김선미 김성인 김세은 김세정A 김세정B 김소라 김소유 김솔 김수혁 김승섭 김승운 김씨래 김여은 김영민 김용석 김우 김은비 김은정A 김은정B 김익호 김자영 김잔디 김재희 김정민 김정은 김주온 김준 김준태A 김준태B 김지연 김지윤A 김지윤B 김지은 김지현 김지훈 김진이 김찬현 김창염 김초엽 김하늘 김하연 김한결 김한솔 김현종 김현진 김혜미 김회옥 김희윤 남신우 남웅 남윤구 남재환 노태운 노희정 데조로 도현지 라라산부인과 류승구 류운경 류정은 류현철 류홍서 망절정희 문공주황요한 문재석 문현기 문현주 민해리 바우 박다현 박대인 박병회 박상아 박상준 박서영 박서정 박세연 박소라 박수정 박승희 박영익 박영희 박이숲 박장군 박정미 박정선 박정은 박지연 박진영A 박진영B 박지욱 박찬휘 박한희 박형관 박혜성 배경민 배새아 배해진 백승민 변지민유지향 사공영 서경택 서동빈 서보금 서수진 서승욱 서유경 서은지 서인호 선영 성경원 성나현 소라미 손미성 손유라 손희정 손희제 송아 송은진 송첫눈송이 신동엽 신명우 신승준 신연우 신용주 신유진 신재선 신정아 신지은 신천옹 신한나 신희선 심나온 심상진 심선일 심재후 안동하 안암mé 피카츄 안은정 안재경 안주현 안희곤 양대은 엄성수 엄윤설 오성일 오은애 오은지 오한솔 오혜진 옥금희 원병묵 유상애 유승아 유여원 유재현 유하영 유현승 유형섭 윤동현 윤병훈 윤신영 윤연하 윤이은 윤정원 윤조원 윤지용 윤지효 윤진식 윤태웅 윤현수 윤효정 이강수 이광욱 이근하 이기웅 이길재 이나라 이대현 이동은 이미지 이미진 이민배 이민정 이상민 이상준A 이상준B 이선영 이성용 이세리 이소이 이수현A 이수현B 이승윤 이연학 이예규 이예리 이예지 이은숙 이은아 이은희 이인건 이인섭 이재연 이재인 이재홍 이정 이정애 이정은 이종주 이종희 이주리 이주영 이주희 이지용 이지하 이지현 이지혜 이진우 이진주 이춘희 이태윤 이하나 이하제 이한길 이한빈 이화평 이희운 임광순 임구 임민회 임성균 임성원 임수련 임초영 장명경 장성일 장수회 장원석 장은지 장정우 장정현 장주영 전고운 전숙경 전지원 전지현 전치형 전희진 정동렬 정민구 정애경 정여진 정연우 정온유 정율 정푸름 정한별 조성우 조성자 조성지 조원주 조윤화 조은미 조은영 조주은 조천호 조철현 조하진 주민지 주정원 지석연 지연비 진승희 진영 차수진 차우진 차지혜 차현숙 창작집단3355 채윤주 최경숙 최규진 최명진 최민지 최보경 최유진 최준정 최지원 최진영 테미동 편미주 하자인 하효선 한국다양성연구소 한금아 한문정 한세희 한예술 한원석 한재권 한진옥 한효은 허걸 허다안 허병란 허욱 허은영 현옥 현지연 현지현 호진효락 홍경옥 홍성재 황동규 황선애 황윤희 황은주 Koni